LONDON BOROUGH OF HOUNSLOW LIBRARY SERVICES

19
7 6
133

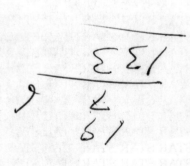

Selections

from

DIWAN-E-GHALIB

Selected poetry of Mirza Asadullah Khan Ghalib

Urdu-English
Roman-Hindi

compiled and translated by :

KHWAJA TARIQ MAHMOOD

This edition of 'Selection from Diwan-e-Ghalib' is unique for being multilingual. Each of the verses has not only been translated into English, but also transliterated into Roman and Hindi (Devanagari) scripts.

ISBN 81-7650-025-9

First Indian Edition : 2000
Reprint Edition : 2002
Price : Rs. 350/- (Hardbound edition)
Rs 195/- (Paper back edition)

Publishers:
STAR PUBLICATIONS (P) LTD.
4/5, Asaf Ali Road, New Delhi-110002

Sole Distributors for U.K.
STAR PUBLISHERS & DISTRIBUTORS,
112 Whitfield St. LONDON W1T 5EE
(Phone: (020) 7380 0622)

CONTENTS

فہرست

* * *

***

۱۔ نقش فریادی ہے کس کی شوخیٔ تحریر کا
کاغذی ہے پیرہن ہر پیکرِ تصویر کا

۲۔ کاوِ کاوِ سخت جانی ہائے تنہائی نہ پوچھ
صبح کرنا شام کا لانا ہے جوئے شیر کا

۳۔ جذبۂ بے اختیارِ شوق دیکھا چاہیے
سینۂ شمشیر سے باہر ہے دم شمشیر کا

۴۔ آگہی دامِ شنیدن جس قدر چاہے بچھائے
مدّعا عنقا ہے اپنے عالمِ تقریر کا

۵۔ بسکہ ہوں غالب اسیری میں بھی آتش زیرِ پا
موئے آتش دیدہ ہے حلقہ مری زنجیر کا

1. nakśa phariyādi hai, kisakī śōkhi-ē-taharīra kā
kāgjī hai pairahana, hara paikara-ē-tasvīra kā

2. kāva-ē-kāva-ē-sakhta jānīhā-ē-tanhāī, na pūcha
subha karanā śāma kā, lānā hai jū-ē-śīra kā

3. jajba:-ē-bē ikhtiyāra-ē-śauka dēkhā cāhiyē
sīna:-ē-śamaśīra sē bāhara hai, dama śamaśīra kā

4. āgahī, dāma-ē-śanīdana, jisa kadara cāhē, bichāyē
mudda'ā aṃkā hai, apanē ālama-ē-takarīra kā

5. basaki hūṃ, gāliba, asīrī mēṃ bhī ātaśa jēra-ē-pā
mū-ē-ātaśa dīda:, hai halka: mirī jaṃrīra kā

1. Creation is reflection of creator's caricature
Each picture is depicted in its paper pack inure

2. Hardiness of solitariness is so hard to endure
From dusk to dawn is perpetuity, a mountain to devou

3. What joy it is to behold such unbounded emotion
That sword itself is greeting the martyr to allure

4. Let conjecture throw its dragnet as far and wide
My verses are Sphinx-like, impossible to secure

5. O Ghalib, I am so restive, even though kept as captive
I regard my fetters flimsy, I have every wish to abjure

१. नक़्श फ़रियादी है, किसकी शोख़ि-ए-तहरीर का
काग़ज़ी है पैरहन, हर पैक़र-ए-तस्वीर का

२. काव-ए-काव-ए-सख़्त जानीहा-ए-तन्हाई, न पूछ
सुब्ह करना शाम का, लाना है जू-ए-शीर का

३. जज़्बः-ए-बे इख़्तियार-ए-शौक़ देखा चाहिये
सीनः-ए-शमशीर से बाहर है, दम शमशीर का

४. आगही, दाम-ए-शनीदान, जिस क़दर चाहे, बिछाये
मुद्द'आ अंक़ा है, अपने आलम-ए-तक़रीर का

५. बसकि हूँ, ग़ालिब, असीरी में भी आतश ज़ेर-ए-पा
मू-ए-आतश दीदः, है हल्क़ः मिरी ज़ंजीर का

***

۱۔ سب کہاں کچھ لالہ و گل میں نمایاں ہو گئیں
خاک میں کیا صُورتیں ہوں گی کہ پنہاں ہو گئیں

۲۔ تھیں بنات النعشِ گردوں دن کے پردے میں نہاں
شب کو ان کے جی میں کیا آئی کہ عریاں ہو گئیں

۳۔ قید میں یعقوب نے لی گو نہ یُوسف کی خبر
لیکن آنکھیں روزنِ دیوارِ زنداں ہو گئیں

۴۔ سب رقیبوں سے ہوں ناخوش پر زنانِ مصر سے
ہے زُلیخا خوش کہ محوِ ماہِ کنعاں ہو گئیں

1. saba kahāṃ, kucha lāla:-ō-gula mēṃ numāyāṃ hō gaīṃ
khāka mēṃ kyā sūratēṃ hōṅgī, ki pinhāṃ hō gaīṃ

2. thīṃ banātunna'śa-ē-gadūrṃ, dina kō pardē mēṃ nihāṃ
śaba kō unakē jī mēṃ kyā āī, ki "auriyāṃ hō gaīṃ

3. kaida mēṃ yā'kūba nē lī, gō na yūsupha kī khabara
lēkina āṃkhēṃ raujana-ē-dīvāra-ē-jindāṃ hō gaīṃ

4. saba rakībōṃ sē hōṃ nākhuśa, para janāna-ē-misra sē
hai julaikhā khuśa, ki mahava-ē-māha-ē-kana'āṃ hō gaīṃ

1. Full many a fine form that went into entombment
Not all but some in flower form resurfaced for enticement

2. Constellation the Great Bear is well hidden in day time
At night, why so strangely, is so bare in the firmament

3. Yaqub[1], admittedly, did not visit Yousaf[2] in prison maze
His eyes were in a gaze, as if slits in wall of confinement

4. Though vengeful as a rule against her rival's amorous glances
Egyptian Venus for Kanaan[2] Apollo lauded the ladies' enchantment

१. सब कहाँ, कुछ लाल:-ओ-गुल में नुमायाँ हो गईं
ख़ाक में क्या सूरतें होंगी, कि पिन्हाँ हो गईं

२. थीं बनातुन्ना'श-ए-गर्दूं, दिन को पर्दे में निहाँ
शब को उनके जी में क्या आई, कि 'उरियाँ हो गईं

३. क़ैद में या'कूब ने ली, गो न यूसुफ़ की ख़बर
लेकिन आँखें रौज़न-ए-दीवार-ए-ज़िन्दाँ हो गईं

४. सब रक़ीबों से हों नाखुश, पर ज़नान-ए-मिस्र से
है ज़ुलैख़ा ख़ुश, कि महव-ए-माह-ए-कनआँ हो गईं

۵- اِن پری زادوں سے لیں گے خلد میں ہم انتقام
قدرتِ حق سے یہی حوریں اگر واں ہو گئیں

۶- واں گیا بھی میں تو اُن کی گالیوں کا کیا جواب
یاد تھیں جتنی دعائیں صرفِ درباں ہو گئیں

۷- ہم موحّد ہیں ہمارا کیش ہے ترکِ رسوم
مِلّتیں جب مٹ گئیں، اَجزائے ایماں ہو گئیں

۸- رنج سے خوگر ہوا انساں تو مٹ جاتا ہے رنج
مشکلیں مجھ پر پڑیں اِتنی کہ آساں ہو گئیں

۹- یوں ہی گر روتا رہا غالبؔ تو اے اہلِ جہاں
دیکھنا ان بستیوں کو تم کہ ویراں ہو گئیں

5. ina parījādōṃ sē lēṅgē khulda maṃ hama intikāma
kudarata-ē-haka sē, yahī hūrēṃ agara vāṃ hō gaīṃ

6. vāṃ gayā bhī mēṃ, tō unakī gāliyōṃ kā kyā javāba
yāda thīṃ jitanī du'āyēṃ, sarpha-ē-darabāṃ hō gaīṃ

7. hama muvvahida haiṃ, hamārā kēśa hai, tarka-ē-rūsūma
millatēṃ jaba miṭa gaīṃ, ajjā-ē-īmāṃ hō gaīṃ

8. rañja sē khūgara huā iṃsāṃ, tō miṭa jātā hai rañja
muśkilēṃ mujha para paḍīṃ itanī, ki āsāṃ hō gaīṃ

9. yōṃ hī gara rōtā rahā gāliba, tō ai ahala-ē-jahāṃ
dēkhanā ina bastiyōṃ kō tuma, ki vīrāṃ hō gaīṃ

5. In revenge against the elfin folks' unconcern on earth
We would, in heaven, display for them lack of discernment

6. What answer could I muster for my friend's fulmination
I had heaped upon the usher all my courtly compliment

7. Unitarian[3] we are in spirit, utilitarian we are in practice
Civilisations are indistinct when they become extinct to ferment

8. Suffering turns to nought, if we've gotten used to suffering
So many troubles befallen my lot, they turned into easement

9. If for long is Ghalib oppressed by his environs
Ere long, remember, they dismember and become dormant

५. इन परीज़ादों से लेंगे ख़ुल्द में हम इन्तिक़ाम
कुदरत-ए-हक़ से, यही हूरें अगर वाँ हो गईं

६. वाँ गया भी मैं, तो उनकी गालियों का क्या जवाब
याद थीं जितनी दु'आयें, सर्फ़-ए-दरबाँ हो गईं

७. हम मुव्वहिद हैं, हमारा केश है, तर्क-ए-रुसूम
मिल्लतें जब मिट गईं, अज्ज़ा-ए-ईमाँ हो गईं

८. रँज से ख़ूगर हुआ इंसाँ तो मिट जाता है रँज
मुश्किलें मुझ पर पड़ी इतनी, कि आसाँ हो गईं

९. यों ही गर रोता रहा ग़ालिब, तो ऐ अह्ल-ए-जहाँ
देखना इन बस्तियों को तुम, कि वीराँ हो गईं

❀❀❀

۱- دل ہی تو ہے نہ سنگ و خشت درد سے بھر نہ آئے کیوں
روئیں گے ہم ہزار بار، کوئی ہمیں ستائے کیوں

۲- دیر نہیں، حرم نہیں، در نہیں، آستاں نہیں
بیٹھے ہیں رہ گزر پہ ہم، غیر ہمیں اُٹھائے کیوں

۳- جب وہ جمالِ دل فروز، صورتِ مہرِ نیمروز
آپ ہی ہو نظارہ سوز، پردے میں منہ چُھپائے کیوں

۴- دشنۂ غمزہ جاں ستاں، ناوکِ ناز بے پناہ
تیرا ہی عکسِ رُخ سہی، سامنے تیرے آئے کیوں

1. dila hī tō hai, na saṅga ō-khiśta, darda sē bhara na āyē kyōṃ
rōyēṅgē hama hajāra bāra, kōī bāra, kōī hamēṃ satāyē kyōṃ

2. daira nahīṃ, harama nahīṃ dara nahīṃ, āstāṃ nahīṃ
baiṭhē haiṃ rahagujara pē hama, kōī hamēṃ uṭhāyē kyōṃ

3. jaba vaha jamāla-ē-dila pharōja, sūrata-ē-mēhara-ē-nīmarōja
āpa hī hō najārā sōja, pardē mēṃ muṃha dupāyē kyōṃ

4. daśna:-ē-gamajā jāṃ sitāṃ, nāvaka-ē-nāja bē panāha
tērā hī aksa-ē-rūkha sahī, sāmanē tērē āyē kyōṃ

1. Heart is not insensate, 'tis caring and compassionate
We'll cry ad infinitum, why any one berate

2. It is no sanctum sanctorum, it is no lack of decorum
We are squatting in the forum, why alien alienate

3. You make everyone swoon, your face full waxing moon
Why keep yourself from public immune, you are beauty incarnate

4. Your glance is beguiling, your bearing is bewitching
How could your reflection face you, though your alternate

१. दिल ही तो है, न सँग-ओ-ख़िश्त, दर्द से भर न आये क्यों
रोयेंगे हम हज़ार बार, कोई हमें सताये क्यों

२. दैर नहीं, हरम नहीं, दर नहीं, आस्ताँ नहीं
बैठे हैं रहगुज़र पे हम, कोई हमें उठाये क्यों

३. जब वह जमाल-ए-दिल फ़रोज़, सूरत-ए-मेहर-ए-नीमरोज़
आप ही हो नज़ारा-सोज़, पर्दे में मुँह छुपाये क्यों

४. दश्नः-ए-ग़मज़ा जाँसिताँ, नावक-ए-नाज़ बे पनाह
तेरा ही अक्स-ए-रुख़ सही, सामने तेरे आये क्यों

۵- قیدِ حیات و بندِ غم اصل میں دونوں ایک ہیں
موت سے پہلے آدمی غم سے نجات پائے کیوں

۶- ہاں وہ نہیں خدا پرست، جاؤ وہ بیوفا سہی
جس کو ہو دین و دل عزیز، اُس کی گلی میں جائے کیوں

۷- واں وہ غرور و عزّ و ناز، یاں یہ حجابِ پاسِ وضع
راہ میں ہم ملیں کہاں، بزم میں وہ بلائے کیوں

۸- غالبِ خستہ کے بغیر کون سے کام بند ہیں
روئیے زار زار کیا، کیجئے ہائے ہائے کیوں

5. kaida-ē-hayāta-ō-banda-ē-gama, asla mēṃ dōnōṃ ēka haiṃ
mauta sē pahalē, ādamī gama sē najāta pāyē kyōṃ

6. hāṃ vaha nahīṃ khudā parasta, jāō vaha bēvaphā sahī
jisa kō hō dīna-ō-dila ajīja, usakī galī mēṃ jāyē kyōṃ

7. vāṃ vaha gurura-ē-iajja-ō-nāja, yā yaha hijāba-ē-pāsa-ē-vaja'a
rāha mēṃ hama milēṃ kahāṃ, bajma mēṃ vaha bulāyē kyōṃ

5. A life sentence and life suspense are really interlinked
No repeal, no reprieve, only death can terminate

6. God fearing my beloved is little, even a bit brittle
If your principle you ca'nt belittle, why befriend and date

7. No chance here of wayside meeting, no chance there of formal greeting
It is sense of self respect for me, their self esteem inordinate

8. Let him cry his eyes out, raise to heaven his shout
For Ghalib down and out, time and tide do not wait

५. क़ैद-ए-हयात-ओ-बन्द-ए-ग़म, अस्ल में दोनों एक हैं
मौंत से पहले, आदमी ग़म से नजात पाये क्यों

६. हाँ वह नहीं ख़ुदा परस्त, जाओ वह बेवफ़ा सही
जिस को हो दीन-ओ-दिल अज़ीज़, उसकी गली में जाये क्यों

७. वाँ वह ग़ुरूर-ए-इज़्ज़-ओ-नाज़, या यह हिजाब-ए-पास-ए वज़्'अ
राह में हम मिलें कहाँ, बज़्म में वह बुलाये क्यों

۱- کسی کو دے کے دل کوئی نوا سنجِ فغاں کیوں ہو
نہ ہو جب دل ہی سینے میں تو پھر منہ میں زباں کیوں ہو

۲- وہ اپنی خو نہ چھوڑیں گے، ہم اپنی وضع کیوں بدلیں
سبک سر بن کے کیوں پوچھیں کہ ہم سے سرگراں کیوں ہو

۳- کِیا غمخوار نے رُسوا، لگے آگ اِس محبّت کو
نہ لاوے تاب جو غم کی، وہ میرا رازداں کیوں ہو

۴- قفس میں مجھ سے رودادِ چمن کہتے نہ ڈر ہمدم
گری ہے جس پہ کل بجلی وہ میرا آشیاں کیوں ہو

1. kisī kō dēkē dila kōī navā sañja-ē-phugāṃ kyōṃ hō
na hō jaba dila hī sīnē mēṃ, tō phira muṃha mēṃ jabāṃ kyōṃ hō

2. vaha apanī khū na chōḍēṅgē, hama apanī vaja'a kyōṃ chōḍēṃ
subuka sara bana kē kyā pūchēṃ, ki hamasēṃ saragirāṃ kyōṃ hō

3. kiyā gamakhvāra nē rusvā, lagē āga isa muhabbata kō
na lāvē tāba jō gama kī, vaha mērā rājadāṃ kyōṃ hō

4. kaphasa mēṃ, mujhasē rūdāda-ē-camana kahatē, na ḍara, hamadama
girī hai jisa pa kala bijalī, vaha mērā āśiyāṃ kyōṃ hō

1. Why groan and grumble, having lost our heart to friend
To lose our heart not to know what word of mouth to send

2. They will not change their attitude, why we change our aptitude
Why ask as a platitude what we've done to offend

3. My confidant let me down, he didn't let my sorrows drown
On my state if he was to frown, how could he befriend

4. Relate, O mate, the garden state, without fear in cage
That in the recent lightning rage, my nest did not rend

१. किसी को देके दिल कोई नवा सँज-ए-फ़ुग़ाँ क्यों हो
न हो जब दिल ही सीने में, तो फिर मुँह में ज़बाँ क्यों हो

२. वह अपनी ख़ू न छोड़ेंगे, हम अपनी वज़्'अ क्यों छोड़ें
सुबुक सर बन के क्या पूछें, कि हमसे सरगिराँ क्यों हो

३. किया ग़मख़्वार ने रुस्वा, लगे आग इस मुहब्बत को
न लावे ताब जो ग़म की, वह मेरा राज़दाँ क्यों हो

४. क़फ़स में, मझसे रूदाद-ए-चमन कहते न डर, हमदम
गिरी है जिस पे कल बिजली, वह मेरा आशियाँ क्यों हो

۵- وفا کیسی، کہاں کا عِشق، جب سر پھوڑنا ٹھہرا
تو پھر اے سنگدل تیرا ہی سنگِ آستاں کیوں ہو

۶- یہی ہے آزمانا تو ستانا کِس کو کہتے ہیں
عدو کے ہو لئے جب تم تو میرا اِمتحاں کیوں ہو

۷- یہ فتنہ آدمی کی خانہ ویرانی کو کیا کم ہے
ہوئے تم دوست جس کے دُشمن اُس کا آسماں کیوں ہو

۸- نکالا چاہتا ہے کام کیا طعنوں سے تو غالبؔ
ترے بے مہر کہنے سے وہ تجھ پر مہرباں کیوں ہو

5. vaphā kaisī, kahāṃ kā iaśka, jaba sara phōḍanā ṭhaharā
tō phira, ai saṅga dila, tērā hai saṅga-ē-āstāṃ kyōṃ hō

6. yahī hai ājamānā, tō satānā kisa kō kahatē haiṃ
adū kē hō liyē jaba tuma, tō mērā imtihāṃ kyōṃ hō

7. yaha phitanā, ādamī kī khānā-vīrānī kō kyā kama hai
huē tuma dōsta jisakē, duśmana usakā āsmāṃ kyōṃ hō

8. nikālā cāhatā hai kāma kyā tā'nōṃ sē tū, gāliba
tarē bēmēhara kahanē sē, ha tujha para mēharabāṃ kyōṃ hō

5. When in love or fealty, I smash my skull in frailty
On your capricious faculty why ever I should depend

6. If this is what relenting is, then what indeed tormenting is
If you have opted for contender, no more can I contend

7. What love for one demon is, disaster for own demeanour is
With you around as friend, there is lot to apprehend

8. You wish, O Ghalib, to have your version by casting aspersion
If branded as uncaring person, why beloved should mend

५. वफ़ा कैसी, कहाँ का इश्क़, जब सर फोड़ना ठहरा
तो फिर, ऐ सँग दिल, तेरा है सँग-ए-आस्ताँ क्यों हो

६. यही है आज़माना, तो सताना किस को कहते हैं
अदू के हो लिये जब तुम, तो मेरा इम्तिहाँ क्यों हो

७. यह फितना, आदमी की ख़ाना-वीरानी को क्या कम है
हुए तुम दोस्त जिसके, दुश्मन उसका आस्माँ क्यों हो

८. निकाला चाहता है काम क्या ता'नों से तू, ग़ालिब
तिरे बेमेहर कहने से, वह तुझ पर मेहरबाँ क्यों हो

۱- یہ نہ تھی ہماری قسمت کہ وصالِ یار ہوتا
اگر اور جیتے رہتے یہی انتظار ہوتا

۲- ترے وعدے پر جئے ہم تو یہ جان جھوٹ جانا
کہ خوشی سے مر نہ جاتے اگر اعتبار ہوتا

۳- تری نازکی سے جانا کہ بندھا تھا عہد بودا
کبھی تو نہ توڑ سکتا اگر استوار ہوتا

۴- کوئی میرے دل سے پوچھے ترے تیرِ نیمکش کو
یہ خلش کہاں سے ہوتی جو جگر کے پار ہوتا

1. yaha na thī hamārī kismata, ki visāla-ē-yāra hōtā
agara aura jītē rahatē, yahī intijāra hōtā

2. tirē vā'dē para jiyē hama, tō yaha jāna, jhūṭa jānā
ki khuśī sē mara na jātē, agara ē'tibāra hōtā

3. tirī nājukī sē ānā, ki bandhā thā aēhada bōdā
kabhī tū na tōḍa sakatā, agara ustuvāra hōtā

4. kōī mērē dila sē pūchē, tirē tīra-ē-nīmakaśa kō
yaha khaliśa kahāṃ sē hōtī, jō jigara kē pāra hōtā

1. To meet my beloved friend was not in my fate
If longer I had lived, it would be more in wait

2. I would die of delight if I knew your promise right
I knew, as well I might, what your promise was meant to state

3. For your constitution frail, our bond was bound to fail
For you could only flail, were it more than delicate

4. My heart could just sustain the effect of lingering pain
My innards your glancing arrow could hardly penetrate

१. यह न थी हमारी क़िस्मत, कि विसाल-ए-यार होता
अगर और जीते रहते, यही इन्तिज़ार होता

२. तिरे वा'दे पर जिये हम, तो यह जान, झूट जाना
कि ख़ुशी से मर न जाते, अगर ए'तिबार होता

३. तिरी नाज़ुकी से जाना, कि बंधा था अह्द बोदा
कभी तू न तोड़ सकता, अगर उस्तुवार होता

४. कोई मेरे दिल से पूछे, तिरे तीर-ए-नीमकश को
यह ख़लिश कहाँ से होती, जो जिगर के पार होता

۵- یہ کہاں کی دوستی ہے کہ بنے ہیں دوست ناصح
کوئی چارہ ساز ہوتا، کوئی غمگسار ہوتا

۶- غم اگرچہ جاں گسل ہے پہ بچیں کہاں کہ دل ہے
غمِ عشق اگر نہ ہوتا، غمِ روزگار ہوتا

۷- کہوں کس سے میں کہ کیا ہے، شبِ غم بُری بلا ہے
مجھے کیا بُرا تھا مرنا اگر ایک بار ہوتا

۸- ہوئے مر کے ہم جو رسوا ہوئے کیوں نہ غرقِ دریا
نہ کبھی جنازہ اُٹھتا نہ کہیں مزار ہوتا

۹- یہ مسائلِ تصوّف یہ ترا بیان غالب
تجھے ہم ولی سمجھتے جو نہ بادہ خوار ہوتا

5. yaha kahāṃ kī dōstī hai, ki banē haiṃ dōsta nāsēha
kōī cāraā sāja hōtā, kōī gamagusāra hōtā

6. gama agaracē: jāṅ-gusila hai, pa kahāṃ bacēṃ, ki dila hai
gama-ē-iaśka gara na hōtā, gama-ē-rōjagāra hōtā

7. kahūṃ kisasē maiṃ ki kyā hai, śaba-ē-gama burī balā hai
mujhē kyā burā thā maranā, agara ēka bāra hōtā

8. huē marakē hama jō rusvā, huē kyōṃ na garka-ē-dariyā
na kabhī janājā uṭhatā, na kahīṃ majāra hōtā

9. yaha masāila-ē-tasavvupha, yaha tirā bayāna, gāliba
tujhē hama valī samajhatē, jō na bāda:khvāra hōtā

5. Wherefore is this friendship that my friends have become my critic
For my counselling and consoling they could well articulate

6. How distress is debilitating, how heart is vacillating
If not affliction of love, woes of world would agitate

7. To whom to state my plight, that nocturnal pining is blight
If death were only once, I would willingly satiate

8. In death I was abhorrent, I should have perished in a torrent
No funeral rite, no burial site, my infamy to demonstrate

9. O Ghalib, except your drink addiction, we accept your benediction
Mystic rules with full conviction how well you postulate

५. यह कहाँ की दोस्ती है, कि बने हैं दोस्त नासेह
कोई चारा-साज़ होता, कोई ग़मगुसार होता

६. ग़म अगरचेः जाँ-गुसिल है, प कहाँ बचें, कि दिल है
ग़म-ए-इश्क़ गर न होता, ग़म-ए-रोज़गार होता

७. कहूँ किससे मैं कि क्या है, शब-ए-ग़म बुरी बला है
मुझे क्या बुरा था मरना, अगर एक बार होता

८. हुए मरके हम जो रुस्वा, हुए क्यों न ग़र्क़-ए-दरिया
न कभी जनाज़ा उठता, न कहीं मज़ार होता

९. यह मसाइल-ए-तसव्वुफ़, यह तिरा ब्यान, ग़ालिब
तुझे हम वली समझते, जो न बाद-ख्वार होता

✽✽✽

۱- ہے بسکہ ہر اک اُن کے اِشارے میں نشاں اور
کرتے ہیں محبّت تو گزُرتا ہے گماں اور

۲- یارب وہ نہ سمجھے ہیں نہ سمجھیں گے مری بات
دے اور دل اُن کو جو نہ دے مجھ کو زباں اور

۳- تم شہر میں ہو تو ہمیں کیا غم جب اُٹھیں گے
لے آئیں گے بازار سے جا کر دل و جاں اور

۴- ہے خونِ جگر جوش میں دل کھول کے روتا
ہوتے جو کئی دیدۂ خونابہ فشاں اور

1. hai basa ki, hara ika unakē iśārē mēṃ niśāṃ aura
karatē haiṃ mahabbata, tō gujaratā hai gumāṃ aura

2. yāraba, na vaha samajhē haiṃ, na samajhēṅgē mirī bāta
dē aura dila unakō, jō na dē mujhakō jabā aura

3. tuma śahara mēṃ hō, tō hamēṃ kyā gama, jaba uṭhēṅgē
lē āyēṅgē bājāra sē, jākara dila-ō-jāṃ aura

4. hai khūna-ē-jigara jōśa mēṃ, dila khōla kē rōtā
hōtē jō kaī dīdā-ē-khūnnābā phiśāṃ aura

1. Their every gesture, somehow, conveys a different impression
When beloved professes love, I think it is digression

2. O God, they do not understand, what I say they misunderstand
You give them an understanding mind, if not to me discretion

3. When you are in our zone, we will on our own
Our heart and soul disown, for new ones on concession

4. My blood is on the boil, I would have cried to broil
If I had more of eyes to soil, with blood in progression

१. है बस कि, हर इक उनके इशारे में निशाँ और
करते हैं महब्बत, तो गुज़रता है गुमाँ और

२. यारब, न वह समझे हैं, न समझेंगे मिरी बात
दे और दिल उनको, जो न दे मुझको ज़बाँ और

३. तुम शहर में हो, तो हमें क्या ग़म, जब उठेंगे
ले आयेंगे बाज़ार से, जाकर दिल-ओ-जाँ और

४. है ख़ून-ए-जिगर जोश में, दिल खोल के रोता
होते जो कई दीदा-ए-ख़ूँनाबा फ़िशाँ और

۵- مرتا ہوں اُس آواز پہ ہر چند سر اُڑ جائے
جلّاد کو لیکن وہ کہے جائیں کہ ہاں اور

۶- لوگوں کو ہے خورشیدِ جہاں تاب کا دھوکا
ہر روز دکھاتا ہوں میں اِک داغِ نہاں اور

۷- دیتا نہ اگر دل تمہیں لیتا کوئی دم چین
کرتا، جو نہ مرتا، کوئی دن آہ و فغاں اور

۸- پاتے نہیں جب راہ تو چڑھ جاتے ہیں نالے
رُکتی ہے مِری طبع تو ہوتی ہے رواں اور

۹- ہیں اور بھی دنیا میں سخن ور بہت اچھے
کہتے ہیں کہ غالبؔ کا ہے اندازِ بیاں اور

5. maratā hūṃ isa āvāja pē, haracanda sara uḍajāya
jallāda kō, lēkina, vaha kahē jāyēṃ, ki hāṃ aura

6. lōgōṃ kō hai khurśīda-ē-jahāṃ tāba kā dhōkā
ba-hara rōja dikhātā hūṃ maiṃ, ika dāga-ē-nihāṃ aura

7. lētā, na agara dila tumhēṃ dētā, kōī dama caina
karatā, jō na maratā kōī dina, āha-ō-phugāṃ aura

8. pātē nahīṃ jaba rāha, tō caḍha jātē hai nālē
rukatī hai mirī taba'a, tō hōtī hai ravāṃ aura

9. hai aura bhī duniyā mēṃ sukhanavara bahuta acchē
kahatē haiṃ, ki gāliba kā hai andāja-ē-bayāṃ aura

5. Beloved may urge the executioner for my steady beheadment
It is music to my ears the voice of clear aggression

6. People are so deceived that incandescent sun is perceived
As by me is daily retrieved an inner scar in succession

7. I could have peace of sort, if I didn't lose my heart
But for death as last resort, would there be more depression

8. My inner feelings like rivulets overflow abundently.
If ever they are wantonly subjected to suppression

9. In the world, not to refute, are poets of good repute
Ghalib, however, beyond dispute surpasses semantic expression

५. मरता हूँ इस आवाज़ पे, हरचन्द सर उड़जाय
जल्लाद को, लेकिन, वह कहे जायें, कि हाँ और

६. लोगों को है खुर्शीद-ए-जहाँ ताब का धोका
ब-हर रोज़ दिखाता हूँ मैं, इक दाग़-ए-निहाँ और

७. लेता, न अगर दिल तुम्हें देता, कोई दम चैन
करता, जो न मरता कोई दिन, आह-ओ-फुगाँ और

८. पाते नहीं जब राह, तो चढ़ जाते हैं नाले
रुकती है मिरी तब-अ, तो होती है रवाँ और

९. हैं और भी दुनिया में सुख़नवर बहुत अच्छे
कहते हैं, कि ग़ालिब का है अन्दाज़-ए-बयाँ और

۱- ذکر اس پری وش کا اور پھر بیاں اپنا
بن گیا رقیب آخر تھا جو رازداں اپنا

۲- مے وہ کیوں بہت پیتے بزمِ غیر میں یارب
آج ہی ہوا منظور اُن کو امتحاں اپنا

۳- منظر اِک بلندی پر اور ہم بنا سکتے
عرش سے اِدھر ہوتا کاش کہ مکاں اپنا

۴- دے وہ جس قدر ذِلّت ہم ہنسی میں ٹالیں گے
بارے آشنا نکلا ان کا پاسباں اپنا

1. jikra usa parīvaśa kā, aura phira bayāṃ apanā
bana gayā rakība ākhira, thā jō rājadāṃ apanā

2. maiṃ vaha kyōṃ bahuta pītē, bajma-ē-gaira mēṃ, yāraba
ājahī huā mañjūra, unakō imtihāṃ apanā

3. mañjara ika bulandī para, aura hama banā sakatē
arśa sē idhara hōtā, kāśa kē makāṃ apanā

4. dē vaha jisa kadara jillata, hama haṃsī mēṃ ṭālēṅgē
bārē āśnā nikalā unakā, pāsbāṃ apanā

1. Extravagant description of that fairy, exalted by my exaggeration
Turned my confidant to rivalry to my consternation

2. Why, O God, they inebriated today in the rival's jaunt
Why, they allowed themselves to haunt, this act of aberration

3. We wish we build our dreamhouse beyond the stratosphere
It would be from this elevation such grand orientation

4. Fortuitously for us was their housekeeper our crony
Gratuitously for him, whatever, we shrugged humiliation

१. ज़िक्र उस परीवश का, और फिर बयाँ अपना
बन गया रक़ीब आख़िर, था जो राज़दाँ अपना

२. मै वह क्यों बहुत पीते, बज़म-ए-ग़ैर में, या रब
आजही हुआ मंजूर, उनको इम्तिहाँ अपना

३. मंज़र इक बुलन्दी पर, और हम बना सकते
अर्श से इधर होता, काश के मकाँ अपना

४. दे वह जिस क़दर ज़िल्लत, हम हँसी में टालेंगे
बारे आश्ना निकला उनका, पास्बाँ अपना

۵- دردِ دل لکھوں کب تک جاؤں ان کو دکھلاؤں
اُنگلیاں فگار اپنی خامہ خونچکاں اپنا

۶- گھستے گھستے مٹ جاتا، آپ نے عبث بدلا
ننگِ سجدہ سے میرے سنگِ آستاں اپنا

۷- تا کرے نہ غمّازی کر لیا ہے دُشمن کو
دوست کی شکایت میں ہم نے ہمزباں اپنا

۸- ہم کہاں کے دانا تھے کس ہُنر میں یکتا تھے
بے سبب ہوا غالبؔ دُشمن آسماں اپنا

5. darda-ē-dila likhūṃ kaba taka, jāūṃ unakō dikhalādūṃ
umgaliyāṃ phigāra apanī, khāmā khūñcakāṃ apanā

6. ghisatē ghisatē miṭa jātā, āpanē abasa badalā
naṅga-ē-sijadā sē mērē, saṅga-ē-āstāṃ apanā

7. tā karē na gammājī, kara liyā hai duśmana kō
dōsta kī śikāyata mēṃ, hamanē hamajabāṃ apanā

8. hama kahāṃ kē dānā thē, kisa hunara mēṃ yakatā thē
bē sababa huā gāliba, duśmana āsmāṃ apanā

5 My fingers are all bruised, my pen with blood suffused
How to pen my feelings confused, and show my dissertation

6. Why you change the door slab, why not let it wear off
By and by expectedly, by my abject supplication

7. To prove our bonafides, in complaint against our friend
We have added the rival's malafides in our invocation

8. We are not master of arts, nor unique of sorts
For no reason Zodiac resorts, O Ghalib, to indignation

५. दर्द-ए-दिल लिखूँ कब तक, जाऊँ उनको दिखलादूँ
उँगलियाँ फ़िगार अपनी, ख़ामा ख़ूँचकाँ अपना

६. घिसते घिसते मिट जाता, आपने अबस बदला
नँग-ए-सिज्दा से मेरे, सँग-ए-आस्ताँ अपना

७. ता करे न ग़म्माज़ी, कर लिया है दुश्मन को
दोस्त की शिकायत में, हमने हमज़बाँ अपना

८. हम कहाँ के दाना थे, किस हुनर में यकता थे
बे सबब हुआ ग़ालिब, दुश्मन आस्माँ अपना

***

۱- نالہ جُز حسنِ طلب اے ستم ایجاد نہیں
ہے تقاضائے جفا، شکوۂ بیداد نہیں

۲- عشق و مزدوریٔ عشرت گہِ خسرو کیا خوب
ہم کو تسلیم نکو نامیٔ فرہاد نہیں

۳- کم نہیں وہ بھی خرابی میں پہ وسعت معلوم
دشت میں ہے مجھے وہ عیش کہ گھر یاد نہیں

۴- اہلِ بینش کو ہے طوفانِ حوادث مکتب
لطمۂ موج کم از سیلیٔ اُستاد نہیں

۵- وائے محرومیٔ تسلیم و بداحالِ وفا
جانتا ہے کہ ہمیں طاقتِ فریاد نہیں

1. nālā-juja husna-ē-talaba, ai sitama ijāda, nahīṃ
   hai takājā-ē-japhā, śikavā-ē-bēdāda nahīṃ

2. iśka-ō-majadūri-ē-iśrata gaha-ē-khusaru kyā khūba
   hama kō tasalīma nikunāmi-ē-pharahāda nahīṃ

3. hama nahīṃ vaha bhī kharābī mēṃ, par vusa'ata mālūma
   daśta mēṃ, hai mujhē vaha aaiśa, ki ghara yāda nahīṃ

4. ahala-ē-bīniśa kō, hai tūphāna-ē-havādisa, makataba
   latamā-ē-mauja, kama aja sēli-ē-ustāda nahīṃ

5. vāyē maharūmi-ē-tasalīma-ō-badā hāla-ē-vaphā
   jānatā hai, ki hamēṃ tākata-ē-phariyāda nahīṃ

1. My lament, O practitioner of torment, has no other intention
Of showing any contention, but to attract attention

2. We like the labour of love on part of Farhad[4]
Except his ready acceptance of Khusrow's[4] cozy subvention

3. Desert is no less dreary but considering its spacious size
Is preferable to my homestead for its extensive dimension

4. Sweet are the uses of adversity[5] for those with sensitive nature
Adverse circumstance is like teacher's dour stance, is good for education

5. Fealty has no recognition, faculties have no cognition
Cognizant of our condition, beloved has no apprehension

१. नाला-ए-जुज़ हुस्न-ए-तलब, ऐ सितम ईजाद, नहीं
है तक़ाज़ा-ए-जफ़ा, शिकवा-ए-बेदाद नहीं

२. इश्क़-ओ-मज़दूरि-ए-'इश्रत गह-ए-खुसरू क्या ख़ूब
हम को तसलीम निकुनामि-ए-फ़रहाद नहीं

३. कम नहीं वह भी ख़राबी में, पे वुस'अत मालूम
दश्त में, है मुझे वह अैश, कि घर याद नहीं

४. अहल-ए-बीनिश को, है तूफ़ान-ए-हवादिस, मकतब
लतमा-ए-मौज, कम अज़ सेलि-ए-उस्ताद नहीं

५. वाये महरूमि-ए-तसलीम-ओ-बदा हाल-ए-वफ़ा
जानता है, कि हमें ताक़त-ए-फ़रियाद नहीं

۶۔ رنگِ تمکینِ گل و لالہ پریشاں کیوں ہے
گر چراغانِ سرِ رہگزرِ باد نہیں

۷۔ سبد گل کے تلے بند کرے ہے گلچیں
مژدہ اے مرغ کہ گلزار میں صیّاد نہیں

۸۔ نفی سے کرتی ہے اثبات تراوش گویا
دی ہے جائے دہن اس کو دمِ ایجاد نہیں

۹۔ کم نہیں جلوہ گری میں ترے کوچے سے بہشت
یہی نقشہ ہے، ولے اِس قدر آباد نہیں

۱۰۔ کرتے کس منہ سے ہو غربت کی شکایت غالبؔ
تم کو بے مہریٔ یارانِ وطن یاد نہیں

6. raṅga-ē-tamakīna-ē-gula-ō-lālā parīśāṃ kyōṃ hai
gara carāgāna-ē-sara-ē-raiha gujara-ē-bāda nahīṃ

7. sabada-ē-gula kē talē banda karē hai gulacīṃ
muśadā, ai murga, ki gulajāra mēṃ sayayāda nahīṃ

8. naphi sē karatī hai isbāta tarāviśa gōyā
dī hī jā-ē-dahana usa kō dama-ē-ījāda, nahīṃ

9. kama nahīṃ, jalvā garī mēṃ, tirē kūcē sē bhiśta
yahī nakśā hai, valē isa kadara ābāda nahīṃ

10. karatē kisa muṃha sē hō gurbata kī śikāyata, gāliba
tuma kō bēmēhari-ē-yārāna-ē-vatana yāda nahīṃ

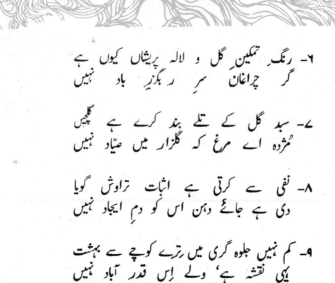

6. Why should efflorescence be in such frenetic state
If in the way of breeze are no lanterns in suspension

7. Good news for the nightingale, that garden is free of hunter
Though gardener may regale, with flowers for detention

8. Beloved's mouth was gifted with spirit of NO at birth
Negation by way of acceptance is proof of comprehension

8. Paradise has the same allure as beloved's alley has its lure
Its layout is equally demure, though much less in congestion

10. How on earth, O Ghalib, you denigrate foreign land
Remember you not homeland, its treatment tinged with tension

६. रँग-ए-तमकीन-ए-गुल-ओ-लाला परीशाँ क्यों है
गर चरागा़न-ए-सर-ए-रैह गुज़र-ए-बाद नहीं

७. सबद-ए-गुल के तले बन्द करे है गुलचीं
मुशदा ऐ मुर्ग़ कि गुलज़ार में सय्याद नहीं

८. नफ़ि से करती है इस्बात तराविश गोया
दी ही जा-ए-दहन उस को दम-ए-ईजाद, नहीं

६. कम नहीं, जल्वा गरी में, तिरे कूचे से बहिश्त
यही नक़्शा है, वले इस क़दर आबाद नहीं

१०. करते किस मुँह से हो गुर्बत की शिकायत, ग़ालिब
तुम को बेमेह्रि-ए-यारान-ए-वतन याद नहीं

❀❀❀

۱- عشق مجھ کو نہیں وحشت ہی سہی
میری وحشت تری شہرت ہی سہی

۲- قطع کیجے نہ تعلّق ہم سے
کچھ نہیں ہے تو عداوت ہی سہی

۳- میرے ہونے میں ہے کیا رسوائی
اے! وہ مجلس نہیں خلوت ہی سہی

۴- ہم بھی دُشمن تو نہیں ہیں اپنے
غیر کو تجھ سے محبّت ہی سہی

1. iśka mujhakō nahīṃ, vahaśata hī sahī
mērī vahaśata, tarī śōharata hī sahī

2. katā kījē na ta'alluka hama sē
kucha nahīṃ hai, tō adāvata hī sahī

3. mērē hōnē mēṃ hai kyā rusvāī
aya, vaha majlisa nahīṃ, khalvata hī sahī

4. hama bhī duśmana tō nahīṃ hai apanē
gaira kō tujha sē muhabbata hī sahī

1. 'Tis not my love, only my torment
Let my torment become your garment

2. Break not the bond between us ever
Let dissent become the binding cement

3. If not in public, at least in seclusion
Why my inclusion should cause resentment

4. No bad blood between you and me
The rival may profess enchantment

१. इश्क़ मुझको नहीं, वहशत ही सही
मेरी वहशत, तेरी शोह्रत ही सही

२. क़ता कीजे न त'अल्लुक़ हम से
कुछ नहीं है, तो अदावत ही सही

३. मेरे होने में है क्या रुस्वाई
अय, वह मजलिस नहीं, ख़ल्वत ही सही

४. हम भी दुश्मन तो नहीं हैं अपने
ग़ैर को तुझ से मुहब्बत ही सही

۵- عمر ہر چند کہ ہے برق خرام
دل کے خوں کرنے کی فرصت ہی سہی

۶- ہم کوئی ترکِ وفا کرتے ہیں
نہ سہی عشق مصیبت ہی سہی

۷- کچھ تو دے اے فلکِ نا انصاف
آہ و فریاد کی رخصت ہی سہی

۸- ہم بھی تسلیم کی خو ڈالیں گے
بے نیازی تری عادت ہی سہی

۹- یار سے چھیڑ چلی جائے اسدؔ
گر نہیں وصل تو حسرت ہی سہی

5. umra haracanda ki hai barka khirāma
dila kē khūṃ karanē kī phursata hī sahī

6. hama kōī tarka-ē-vaphā karatē haiṃ
na sahī "iaśka, musībata hī sahī

7. kucha tō dē, aya phalaka-ē-nā iṃsāpha
āha-hō pharyāda kī rukhasata hī sahī

8. hama bhī taslīma kī khūṃ ḍālēṅgē
bēniyājī tirī ādata hī sahī

9. yāra sē chēḍa calī jāyē, asada
gara nahīṃ vasla, tō hasarata hī sahī

5. Like a fleeting steed, though life is
We need respite for a fleeting moment

6. No lack of fealty on our part
Lovelorn, this distressing estrangement

7. Remit, if something, O iniquitous firmament
Permit, if nothing, sighs and lament

8. Willingly, we'll do your bidding
Willy nilly, wilfulness is your intent

9. O Asad, persist in pandering to friend
You are pondering, if no fulfilment

५. उम्र हरचन्द कि है बर्क़ ख़िराम
दिल के ख़ूँ करने की फ़ुर्सत ही सही

६. हम कोई तर्क-ए-वफ़ा करते हैं
न सही इश्क़, मुसीबत ही सही

७. कुछ तो दे, अय फ़लक-ए-ना-इंसाफ़
आह-ओ-फ़र्याद की रुख़्सत ही सही

८. हम भी तस्लीम की ख़ू डालेंगे
बेनियाज़ी तिरी आदत ही सही

९. यार से छेड़ चली जाये, असद
गर नहीं वस्ल, तो हसरत ही सही

❀❀❀

۱- دہر میں نقشِ وفا وجہِ تسلّی نہ ہوا
ہے یہ وہ لفظ کہ شرمندۂ معنی نہ ہوا

۲- میں نے چاہا تھا کہ اندوہِ وفا سے چھوٹوں
وہ ستمگر مِرے مَرنے پہ بھی راضی نہ ہوا

۳- دل گزر گاہِ خیالِ مے و ساغر ہی سہی
گر نفس جادہ سرِ منزلِ تقوٰی نہ ہوا

1. dahara mēṃ nakśa-ē-vaphā 2, bajha-ē-tasallī na huā
hai yaha vaha laphaja, ki śarmindā-ē-ma'anī na huā

2. maiṃ nē cāhā thā ki andōha-ē-vaphā sē chūṭūṃ
vaha sitamagara mirē maranē pa bhī rājī na huā

3. dila gujaragāha-ē-khayāla-ēmaiṃ-ō sāgara hī sahī
gara naphasa jādā-ē-saramañjila-ē-takavā na huā

1. Cult of fidelity in the realm of reality never came to fruition
This is one puzzling identity which never found solution

2. I wished to be rid of the rigours of my fealty
The tormentor did not agree even to my execution

3. Let heart at least revel in imagination of wine
If soul could not itself unravel, even with absolution

१. दह्र में, नक़्श-ए-वफ़ा, वज्ह-ए-तसल्ली न हुआ
है यह वह लफ़्ज़, कि शर्मिन्दा-ए-म'अनी न हुआ

२. मैं ने चाहा था कि अन्दोह-ए-वफ़ा से छूटूँ
वह सितमगर मिरे मरने प भी राज़ी न हुआ

३. दिल गुज़रगाह-ए-ख़याल-एमै-ओ-साग़र ही सही
गर नफ़स जादा-ए-सरमंज़िल-ए-तक़्वा न हुआ

۴- ہوں ترے وعدہ نہ کرنے پہ بھی راضی کہ کبھی
گوش منّت کشِ گلبانگِ تسلّی نہ ہوا

۵- کس سے محرومیٔ قسمت کی شکایت کیجے
ہم نے چاہا تھا کہ مر جائیں سو وہ بھی نہ ہوا

۶- سبزۂ خط سے ترا کاکلِ سرکش نہ دبا
یہ زمرّد بھی حریفِ دمِ افعی نہ ہوا

۷- مر گیا صدمۂ یک جنبشِ لب سے غالب
ناتوانی سے حریفِ دمِ عیسیٰ نہ ہوا

4. hūṃ tirē vāyadā na karanē mēṃ bhī rājī, ki kabhī
gōśa minnata-kaśa-ē gulabāṅga-ē-tasallī na huā

5. kisasē maharūmi-ē-kismata kī śikāyata kījē
hamanē cāhā thā ki mara jāyēṃ, sō vaha bhī na huā

6. sabjā-ē-khata sē tirā, kākula-ē-sarakaśa na dabā
yaha jamarruda bhī harīpha-ē-dama-ē-apha'aī na huā

7. mar m 1 a gayā sadama:-ē-yaka jumbiśa-ē-laba sē gāliba
nātavānī sē harīpha-ē-dama-ē-"aīsī na huā

4. I am content with your intent not to meet with me
So my ear did not hear what I knew by intuition

5. To whom may we complain, our lack of luck explain
Out of reach for death to remain, in spite of resolution

6. Your nubile threshold could not hassel your rebellious tassel
As if the snake was not ensnared by jewel's restitution

7. Ghalib expired, it so transpired, by lip's single slip
By Jesus' breath[6] was not inspired, so frail his constitution

४. हूँ तिरे वायदा न करने में भी राज़ी, कि कभी
गोश मिन्नत-कश-ए-गुलबाँग-ए-तसल्ली न हुआ

५. किससे महरूमि-ए-क़िस्मत की शिकायत कीजे
हमने चाहा था कि मर जायें, सो वह भी न हुआ

६. सब्ज़ा-ए-ख़त से तिरा, काकुल-ए-सरकश न दबा
यह ज़मर्रुद भी हरीफ़-ए-दम-ए-अफ़’ई न हुआ

७. मर गया सदमः-ए-यक जुंबिश-ए-लब से ग़ालिब
नातवानी से हरीफ़-ए-दम-ए-’ईसी न हुआ

***

۱- مانعِ دشت نوردی کوئی تدبیر نہیں
ایک چکّر ہے مرے پاؤں میں زنجیر نہیں

۲- شوق اس دشت میں دوڑائے ہے مجھ کو کہ جہاں
جادہ غیر از نگہِ دیدۂ تصویر نہیں

۳- حسرتِ لذّتِ آزار رہی جاتی ہے
جادۂ راہِ وفا جُز دمِ شمشیر نہیں

1. mān'-ē-daśta navardī kōī tadabīra nahīṃ
ēka cakkara hai, mirē pāṃva mēṃ jañjīra nahīṃ

2. śauka usa daśta mēṃ dauḍāyē hai mujhakō, ki jahāṃ
jādā gaira aja nigaha-ē-dīdā-ē-tasvīra nahīṃ

3. hasarata-ē-lajjata-ē-ājāra rahī jātī hai
jādā-ē-rāha-ē-vaphā, juja dama-ē-śamaśīra nahīṃ

1. Free ranging in the desert nothing can deter
Fetters are no problem as my feet are astir

2. Zest urges me on to go through wilderness fast
There is hardly any track and vision is a blur

3. I am failing in my intent to suffer beloved's torment
The path of true fidelity is a razor's edge to incur

१. मान';-ए-दश्त नवर्दी कोई तदबीर नहीं
एक चक्कर है, मिरे पाँव में ज़ंजीर नहीं

२. शौक़ उस दश्त में दौड़ाये है मुझको, कि जहाँ
जादा ग़ैर अज़ निगह-ए-दीदा-ए-तस्वीर नहीं

३. हसरत-ए-लज़्ज़त-ए-आज़ार रही जाती है
जादा-ए-राह-ए-वफ़ा, जुज़ दम-ए-शमशीर नहीं

۴- رنجِ نومیدیٔ جاوید گوارا رہیو
خوش ہوں گر نالہ زبونی کشِ تاثیر نہیں

۵- سر کھجاتا ہے جہاں زخمِ سر اچھا ہو جائے
لذّتِ سنگ باندازۂ تقریر نہیں

۶- جب کرم رُخصتِ بیباکی و گُستاخی دے
کوئی تقصیر بجز خجلتِ تقصیر نہیں

۷- غالب اپنا یہ عقیدہ ہے بقولِ ناسخ
آپ بے بہرہ ہے جو معتقدِ میر نہیں

4. rañja-ē-naumīdi-ē-jāvēda, gavārā rahiyō
khuśa hūṃ gara nālā jabūnī kaśa-ē-tāsīra nahīṃ

5. sara khujātā hai, jahāṃ jakhma-ē-sara acchā hō jāya
lajjata-ē-saṅga ba andāja:-ē-takarīra nahīṃ

6. jaba karama rukhasata-ē-bēbāki-ō-gustākhī dē
kōī takasīra bajuja khajalata-ē-takasīra nahīṃ

7. gāliba, apanā yaha akīdā hai, bakaula-ē-nāsikha
āpa bēbaharā hai, jō mō'takida-ē-mīra nahīṃ

4. I would rather that I bear eternal self denial
Than suffer the indignity of my entreaty to bestir

5. Head is ticklish, as and when, head wound is to heal
Sore by stone is a pleasure to feel, I want it to recur

6. When beloved is so kind to allow us proximation
It is no less than sure sin if withdrawal we prefer

7. O Ghalib, we are confident in line with poet Nasikh[7]
That you are truly ignorant if to Mir you don't defer

४. रँज-ए-नौमीदि-ए-जावेद, गवारा रहियो
खु़श हूँ गर नाला जबूनी कश-ए-तासीर नहीं

५. सर खुजाता है, जहाँ ज़ख़्म-ए-सर अच्छा हो जाय
लज़्ज़त-ए-सँग ब अन्दाजः-ए-तक़रीर नहीं

६. जब करम रुख़सत-ए-बेबाकि-ओ-गुस्ताख़ी दे
कोई तक़सीर बजुज़ ख़जलत-ए-तक़सीर नहीं

७. ग़ालिब, अपना यह अक़ीदा है, बक़ौल-ए-नासिख़
आप बेबहरा है, जो मो'तक़िद-ए-मीर नहीं

❋❋❋

۱۔ رونے سے اور عشق میں بیباک ہو گئے
دھوئے گئے ہم اِتنے کہ بس پاک ہو گئے

۲۔ صرفِ بہائے مے ہوئے آلاتِ میکشی
تھے یہ ہی دو حساب سو یوں پاک ہو گئے

۳۔ رسوائے دہر گو ہوئے آوارگی سے تم
بارے طبیعتوں کے تو چالاک ہو گئے

1. rōnē sē aura iśka mēṃ bēbāka hō gayē
dhōyē gayē hama aisē, ki basa pāka hō gayē

2. sarpha-ē-bahā-ē-mai huē ālāta-ē-maikaśī
thē yaha hī dō hisāba, sō yōṃ pāka hō gayē

3. rūsvā-ē-dahara gō huē āvāragī sē tuma
bārē tabī'atōṃ kē tō cālāka hō gayē

1. We were enhanced by love's stipulation to become ever bold
We were entranced by love's tribulation to emerge as if gold

2. Items of fermentation we dispensed in exchange for wine
Even on both accounts, thus on both we were sold

3. You became a universal butt by your wanderlust
However you meander and wander, you return to the fold

१. रोने से और इश्क़ में बेबाक हो गये
धोये गये हम ऐसे, कि बस पाक हो गये

२. सर्फ़-ए-बहा-ए-मै हुए आलात-ए-मैकशी
थे यह ही दो हिसाब, सो यों पाक हो गये

३. रुस्वा-ए-दह्‌र गो हुए आवारगी से तुम
बारे तबी'अतों के तो चालाक हो गये

۴- کہتا ہے کون نالۂ بلبل کو بے اثر
پردے میں گل کے لاکھ جگر چاک ہو گئے

۵- پوچھے ہے کیا وجود و عدم اہلِ شوق کا
آپ اپنی آگ کے خس و خاشاک ہو گئے

۶- کرنے گئے تھے اُس سے تغافل کا ہم گلہ
کی ایک ہی نگاہ کہ بس خاک ہو گئے

۷- اِس رنگ سے اُٹھائی کل اُس نے اسدؔ کی نعش
دُشمن بھی جس کو دیکھ کر غمناک ہو گئے

4. kahatā hai kauna nāla:-ē-bulabula kō bē asara
pardē mēṃ gula kē lākha jigara cāka hō gayē

5. pūchē hai kayā vujūda-ō-adama ahala-ē-śauka kā
āpa apanī āga kē khasa-ō-khāśāka hō gayē

6. karanē gayē thē usasē, tagāphula kā hama gilā
kī ēka hī nigāha, ki basa khāka hō gayē

7. isa raṅga sē uṭhāī kala usanē 'asada' kī lāśa
duśmana bhī jisakō dēkha kē gamanāka hō gayē

4. Who has said that nightingale's wail is of no avail
How else do million buds unveil, and into flowers unfold

5. No question about existence or extinction of those in love
They stoke their own fire, they smoulder in their mould

6. To the beloved we had gone to complain against hauteur
The beloved just cast allure, which left us in the cold

7. With poignant touch did yesterday they dispose Asad's remains
Untouched the enemies did not remain to witness and behold

४. कहता है कौन नालः-ए-बुलबुल को बे असर
पर्दे में गुल के लाख जिगर चाक हो गये

५. पूछे है क्या वुजूद-ओ-अदम अह्ल-ए-शौक़ का
आप अपनी आग के ख़स-ओ-ख़ाशाक हो गये

६. करने गये थे उससे, तग़ाफ़ुल का हम गिला
की एक ही निगाह, कि बस ख़ाक हो गये

७. इस रँग से उटाई कल उसने 'असद' की लाश
दुश्मन भी जिसको देख के ग़मनाक हो गये

۱۔ نکتہ چیں ہے غمِ دل اُس کو سُنائے نہ بنے
کیا بنے بات جہاں بات بنائے نہ بنے

۲۔ میں بلاتا تو ہوں اُس کو مگر اے جذبۂ دل
اُس پہ بن جائے کچھ ایسی کہ بِن آئے نہ بنے

۳۔ کھیل سمجھا ہے، کہیں چھوڑ نہ دے، بھُول نہ جائے
کاش یوں بھی ہو کہ بِن میرے ستائے نہ بنے

۴۔ غیر پھرتا ہے لئے یوں ترے خط کو کہ اگر
کوئی پوچھے کہ یہ کیا ہے تو چھپائے نہ بنے

1. nuktā cīṃ hai, ghamē dila usakō sunāē na banē
kyā banē bāta, jahām̐ bāta banāē na banē

2. maiṃ bulātā tō hūm̐ usakō magara ai jajbā-ē-dila
usa pē bana jāē kucha aisī ki bina āē na banē

3. khēla samajhā hai, kahīṃ chōḍa na dē, bhūla na jāē
kāśa yūm̐ bhī hō ki bina mērē satāē na banē

4. ghaira phiratā hai liē yūm̐ tērē khata kō, ki agara
kōī pūchē ki yē kyā hai, tō chupāē na banē

1. How to fend off offending friend, grieving cannot help
How to weave one's way around, weaving cannot help

2. I somehow send for friend, let will power contend
That the friend will comprehend, if perceiving cannot help

3. The friend in sheer playfulness may forget and may desist
I wish for friend's teasing trend, peeving cannot help

4. The rival is sauntering so, with your missive to show
Let someone ask to know, then deceiving cannot help

१. नुक़्ता चीं है, ग़मे दिल उसको सुनाए न बने
क्या बने बात, जहाँ बात बनाए न बने

२. मैं बुलाता तो हूँ उसको मगर ऐ जज़्बा-ए-दिल
उस पे बन जाए कुछ ऐसी कि आए न बने

३. खेल समझा है, कहीं छोड़ न दे, भूल न जाए
काश यूँ भी हो कि बिन मेरे सताए न बने

४. ग़ैर फिरता है, लिए यूँ तेरे ख़त को, कि अगर
कोई पूछे कि ये क्या है, तो छुपाए न बने

۵- اِس نزاکت کا بُرا ہو، وہ بھلے ہیں تو کیا
ہاتھ آویں تو اُنہیں ہاتھ لگائے نہ بنے

۶- کہہ سکے کون کہ یہ جلوہ گری کس کی ہے
پردہ چھوڑا ہے وہ اُس نے کہ اُٹھائے نہ بنے

۷- موت کی راہ نہ دیکھوں؟ کہ بِن آئے نہ رہے
تم کو چاہوں کہ نہ آؤ تو بلائے نہ بنے

۸- بوجھ وہ سر سے گرا ہے کہ اُٹھائے نہ اٹھے
کام وہ آن پڑا ہے کہ بنائے نہ بنے

۹- عشق پر زور نہیں ہے یہ وہ آتش غالب
کہ لگائے نہ لگے اور بجھائے نہ بنے

5. isa nazākata kā burā hō, vō bhalē haiṃ tō kyā
hātha āēm̐, tō unhēṃ hātha lagāē na banē

6. kaha sakē kauna ki yē jalvāgarī kisakī hai
pardā chōḍ̂ā hai vō usanē ki uṭhāē na banē

7. mauta kī rāha na dēkhūm̐ ki bina āē na rahē
tumakō cāhūm̐ ki na āō, tō bulāē na banē

8. bōjha vō sara sē girā hai ki uṭhāē na uṭhē
kāma vō āna paḍ̂ā hai ki banāē na banē

9. iśqa para zōra nahīṃ, hai yē vō aātiśa "g̲hāliba'
ki lagāē na lagē, aura bujhāē na banē

5. Beloved is so fragile and is so free of guile
Perchance, if I could reconcile, leaving cannot help

6. Who can say for sure who sponsored this creation
A curtain covers this causation, its relieving cannot help

7. I cannot help awaiting death as surely it will come
How could I wish you not to come, believing cannot help

8. I face such task in scope, I cannot hope to cope
Such burden fallen flat, its heaving cannot help

9. No control on love, O Ghalib, it is a rageing fire
At first you cannot kindle, then retrieving cannot help

५. इस नज़ाकत का बुरा हो, वो भले हैं तो क्या
हाथ आएँ, तो उन्हें साथ लगाए न बने

६. कह सके कौन कि ये जल्वागरी' किसकी है
पर्दा छोड़ा है वो उसने कि उठाए न बने

७. मौत की राह न देखूँ कि बिन आए न रहे
तुमको चाहूँ कि न आओ, तो बुलाए न बने

८. बोझ वो सर से गिरा है कि उठाए न उठे
काम वो आन पड़ा है कि बनाए न बने

९. इश्क़ पर ज़ोर नहीं, है ये वो आतिश 'ग़ालिब'
कि लगाए न लगे, और बुझाए न बने

✻✻✻

۱- ہزاروں خواہشیں ایسی کہ ہر خواہش پہ دم نکلے
بہت نکلے مرے ارمان لیکن پھر بھی کم نکلے

۲- ڈرے کیوں میرا قاتل؟ کیا رہے گا اُس کی گردن پر
وہ خوں جو چشم تر سے عمر بھر یوں دم بہ دم نکلے

۳- نکلنا خُلد سے آدم کا سُنتے آئے تھے لیکن
بہت بے آبرو ہو کر ترے کوچے سے ہم نکلے

۴- مگر لکھوائے کوئی اس کو خط تو ہم سے لکھوائے
ہوئی صبح اور گھر سے کان پر رکھ کر قلم نکلے

1. hajārōṃ khvāhiśēṃ aisī, ki hara khavāhiśa pē dama nikalē
bahuta nikalē mirē armāna, lēkina phira bhī kāma nikalē

2. ḍarē kyōṃ mērā kātila, kyā rahēgā usakī gardana para
vaha khūṃ jō caśma-ē-tara sē "umra bhara yōṃ dama badama nikalē

3. nikalanā khulda sē ādama kā sunatē āyē thē, lēkina
bahuta bē ābarū hōkara tirē kūcē sē hama nikalē

4. magara likhavāyē kōī usakō khata, tō hama sē likhavāyē
huī subaha, aura ghara sē kāna para rakha kara kalama nikalē

1. Many a thousand wish is willed, each in itself is great
Many a longing is fulfilled, though not enough to satiate

2. Let my executioner not feel any sense of guilt
My ever-flowing blood from eyes will help extenuate

3. From the garden of Eden, we know, Adam[8] was expelled
Shame of expulsion from your alley nothing can mitigate

4. Let anyone avail our service, as scribe to write missives
Pen in hand, from home since morn, we write and communicate

१. हज़ारों ख़्वाहिशें ऐसी, कि हर ख़्वाहिश पे दम निकले
बहुत निकले मिरे अरमान, लेकिन फिर भी कम निकले

२. डरे क्यों मेरा क़ातिल क्या, रहेगा उसकी गर्दन पर
वह ख़ूँ जो चश्म-ए-तर से 'उम्र भर यों दम बदम निकले

३. निकलना खुलद से आदम का सुनते आये थे, लेकिन
बहुत बे आबरू होकर तिरे कूचे से हम निकले

४. मगर लिखवाये कोई उसको ख़त, तो हम से लिखवाये
हुई सुब्ह, और घर से कान पर रख कर क़लम निकले

۵- ہوئی اِس دور میں منسوب مجھ سے بادہ آشامی
پھر آیا وہ زمانہ جب جہاں میں جامِ جم نکلے

۶- ہوئی جن سے توقّع خستگی کی داد پانے کی
وہ ہم سے بھی زیادہ کُشتۂ تیغِ ستم نکلے

۷- محبّت میں نہیں ہے فرق جینے اور مرنے کا
اُسی کو دیکھ کر جیتے ہیں جس کافر پہ دم نکلے

۸- کہاں میخانہ کا دروازہ غالبؔ اور کہاں واعظ
پر اِتنا جانتے ہیں کل وہ جاتا تھا کہ ہم نکلے

5. huī isa daura mēṃ masūba mujhasē bādā āśāmī
phira āyā vaha jamānā, jō jahāṃ mēṃ jāma-ē-jama nikalē

6. huī jina sē tavakkō'a, khastagī kī dāda pānē kī
vaha hama sē bhī jiyādā khastā-ē-tēga-sitama nikalē

7. mahabbata mēṃ nahīṃ hai pharka, jīnē aura maranē kā
usī kō dēkha kara jītē haiṃ, jisa kāphira pē dama nikalē

8. kahāṃ maikhānē kā daravājā gāliba, aura kahāṃ vā'iaja
para itanā jānatē hai, kala vaha jātā thā, ki hama nikalē

5. In days of yore I set the trend for drinking with a style
Till now for Jamshed's crystal goblet[9] to supplant and proliferate

6. We found them so dejected, so utterly rejected
The people who were so expected by us to commiserate

7. In love no real difference between frustration and fulfilment
We swoon on seeing beloved as we try to ingratiate

8. Far be it for us, O Ghalib, to see the preacher at the tavern
However, we know we saw him enter as we left the gate

५. हुई इस दौर में मंसूब मुझसे बादा आशामी
फिर आया वह ज़माना, जो जहाँ में जाम-ए-जम निकले

६. हुई जिन से तवक़्क़ो'अ, ख़स्तगी की दाद पाने की
वह हम से भी ज़ियादा ख़स्ता-ए-तेग़-ए-सितम निकले

७. महब्बत में नहीं है फ़र्क़, जीने और मरने का
उसी को देख कर जीते हैं, जिस काफ़िर पे दम निकले

८. कहाँ मैख़ाने का दरवाज़ा ग़ालिब, और कहाँ वा'अिज़
पर इतना जानते हैं, कल वह जाता था, कि हम निकले

****

۱- تسکیں کو ہم نہ روئیں جو ذوقِ نظر ملے
حورانِ خلد میں تری صورت مگر ملے

۲- اپنی گلی میں مجھ کو نہ کر دفن بعدِ قتل
میرے پتے سے خلق کو کیوں تیرا گھر ملے

۳- ساقی گری کی شرم کرو آج ورنہ ہم
ہر شب پیا ہی کرتے ہیں مے جس قدر ملے

1. taskīṃ kō hama na rōyēṃ, jō jauka-ē-najara milē
hūrāna-ē-khulda mēṃ tirī sūrata magara milē

2. apanī galī mēṃ, mujhakō na kara daphana, bā'da-ē-katla
mērē patē sē khalka kō kyōṃ tērā ghara milē

3. sākīgarī kī śarma karō āja, varnā hama
hara śaba piyā hī karatē haiṃ maiṃ, jisa kadara milē

1. Zest for sight itself is a substitute for satisfaction
Houries in heaven, except yourself, will cause little distraction

2. Don't you bury me in your alley after execution
Why my tomb should help your home become public attraction

3. Defer to day to Saqi[37], otherwise nightly without exception
We help ourselves without compunction, with little circumspection

१. तस्कीं को हम न रोयें, जो ज़ौक़-ए-नज़र मिले
हूरान-ए-ख़ुल्द में तिरी सूरत मगर मिले

२. अपनी गली में, मुझको न कर दफ़्न, बाद-ए-क़त्ल
मेरे पते से ख़ल्क को क्यों तेरा घर मिले

३. साक़ीगरी की शर्म करो आज, वर्ना हम
हर शब पिया ही करते हैं मै, जिस क़दर मिले

۴۔ تجھ سے تو کچھ کلام نہیں لیکن اے ندیم
میرا سلام کہیو اگر نامہ بر ملے

۵۔ تم کو بھی ہم دکھائیں کہ مجنوں نے کیا کیا
فرصت کشاکشِ غمِ پنہاں سے گر ملے

۶۔ لازم نہیں کہ خضر کی ہم پیروی کریں
مانا کہ اِک بزرگ ہمیں ہمسفر ملے

۷۔ اے ساکنانِ کوچۂ دلدار دیکھنا
تم کو کہیں جو غالبِ آشفتہ سر ملے

4. tujhasē tō kucha kalāma nahīṃ, lēkina ai nadīma
mērā salāma kahiyō, agara nāmā-bara milē

5. tumakō bhī hama dikhāyēṃ, ki majanūṃ nē kyā kiyā
phursata kaśākaśa-ē-gama-ē-pinhāṃ sē gara milē

6. lājima nahīṃ, ki khijra kī hama pairavī karēṃ
mānā ki ika bujurga hamēṃ hamasaphara milē

7. ai sākināna-ē-kūcā-ē-diladāra, dēkhanā
tumakō kahīṃ jō gāliba-ē-āśuphatā sara milē

4. To you I don't complain but as a friend do explain
Haply, to my message bearer, deftly as a reflection

5. For you, we would emulate legendary love of Majnoon[10]
Were it possible to subjugate our own introspection

6. We are not obliged to follow wizened Khizr's[11] lead
Even if some leading light lead the way for action

7. O residents of beloved's alley, look out just in case
You happen to spot Ghalib there, wandering in abstraction

४. तुझसे तो कुछ कलाम नहीं, लेकिन ऐ नदीम
मेरा सलाम कहियो, अगर नामा-बर मिले

५. तुमको भी हम दिखायें, कि मजनूँ ने क्या किया
फ़ुर्सत कशाकश-ए-ग़म-ए-पिन्हाँ से गर मिले

६. लाज़िम नहीं, कि ख़िज़्र की हम पैरवी करें
माना कि इक बुज़ुर्ग हमें हमसफ़र मिले

७. ऐ साकिनान-ए-कूचा-ए-दिलदार, देखना
तुमको कहीं जो ग़ालिब-ए-आशुफ़्ता-सर मिले

****

۱۔ دلِ ناداں تجھے ہوا کیا ہے
آخر اس درد کی دوا کیا ہے

۲۔ ہم ہیں مشتاق اور وہ بیزار
یا الٰہی! یہ ماجرا کیا ہے

۳۔ میں بھی منہ میں زبان رکھتا ہوں
کاش پوچھو کہ مدعا کیا ہے

۴۔ جب کہ تجھ بن نہیں کوئی موجود
پھر یہ ہنگامہ اے خدا کیا ہے

1. dila-ē-nādāṃ, tujhē huā kyā hai
   ākhira isa darda kī davā kyā hai

2. hama hai muśtāka aura vaha bējāra
   yā ilāhī, yaha mājarā kyā hai

3. maiṃ bhī muṃha mēṃ jubāna rakhatā hūṃ
   kāśa pūchō, ki muda'ā kyā hai

4. jabaki tujha bina nahīṃ kōī maujūda
   phira yaha haṅgāmā ai khudā kyā hai

1. O wayward heart, what is your predicament
What for this aliment is the right medicament

2. Our fondness is met by beloved's coldness
Why, O God, this curious impediment

3. I hold tongue in check in cheek
I wish you ask for emotive statement

4. O God, when nothing exists besides
Then why this seek and hide intent

१. दिल-ए-नादाँ, तुझे हुआ क्या है
आख़िर इस दर्द की दवा क्या है

२. हम हैं मुश्ताक़ और वह बेज़ार
या इलाही, यह माजरा क्या है

३. मैं भी मुँह में ज़ुबान रखता हूँ
काश पूछो, कि मुद्दआ क्या है

४. जबकि तुझ बिन नहीं कोई मौजूद
फिर यह हँगामा ऐ खुदा क्या है

۵- سبزہ و گل کہاں سے آئے ہیں
ابر کیا چیز ہے، ہوا کیا ہے

۶- ہم کو ان سے وفا کی ہے امید
جو نہیں جانتے وفا کیا ہے

۷- ہاں بھلا کر ترا بھلا ہو گا
اور درویش کی صدا کیا ہے

۸- جان تم پر نثار کرتا ہوں
میں نہیں جانتا دعا کیا ہے

۹- میں نے مانا کہ کچھ نہیں غالب
مفت ہاتھ آئے تو برا کیا ہے

5. sabjā-ō-gula kahāṃ sēāyē haiṃ
abra kyā cīja hai, havā kyā hai

6. hamakō unasē vaphā kī hai ummīda
jō nahīṃ jānatē, vaphā kyā hai

7. hāṃ bhalā kara, tirā bhalā hōgā
aura darvēśa kī sadā kyā hai

8. jāna tuma para nisāra karatā hūṃ
maiṃ nahīṃ jānatā, duā kyā hai

9. maiṃ nē mānā ki kucha nahīṃ gāliba
muphata hātha āyē tō burā kyā hai

5. Where from plants and flowers come
What of cloud and wind as element

6. We expect fealty from fickle folk
Who do not know its basic ingredient

7. Cherish goodness for goodness sake
Such is the cry of a roving mendicant

8. I do not believe in frivolous flattery
I pledge my life as a humble servant

9. I admit Ghalib is good for nothing
Though free of charge is good investment

५. सब्ज़ा-आ-गुल कहाँ से आये हैं
अब्र क्या चीज़ है, हवा क्या है

६. हमको उनसे वफ़ा की है उम्मीद
जो नहीं जानते, वफ़ा क्या है

७. हाँ भला कर, तिरा भला होगा
और दर्वेश की सदा क्या है

८. जान तुम पर निसार करता हूँ
मैं नहीं जानता, दु'आ क्या है

९. मैं ने माना कि कुछ नहीं ग़ालिब
मुफ़्त हाथ आये, तो बुरा क्या है

❊❊❊❊

۱- کب وہ سنتا ہے کہانی میری
اور پھر وہ بھی زبانی میری

۲- خلشِ غمزۂ خونریز نہ پوچھ
دیکھ خوننابہ فشانی میری

۳- کیا بیاں کر کے مرا روئیں گے یار
مگر آشفتہ بیانی میری

۴- ہوں ز خود رفتۂ بیدائے خیال
بھول جانا ہے نشانی میری

1. kaba vaha sunatā hai kahānī mērī
aura phira vaha bhī jabānī mērī

2. khaliśa-ē-gamajā-ē-khūṃrēja na pūcha
dēkha khūnnābā-phiśānī mērī

3. kyā bayāṃ karakē mirā, rōyēṅgē yāra
magara āśuphatā bayānī mērī

4. hūṃ jikhuda raphatā-ē-bēdāyē khayāla
bhūla jānā hai, niśānī mērī

1. Beloved has no time for my presentation
Much less with my verbal dissertation

2. See not the searing glance of beloved
See my blood flow in perpetuation

3. What will friends state in anguish
Except my fantasies and hallucination

4. Beside myself with frivolous thought
Forgetfulness is my identification

१. कब वह सुनता है कहानी मेरी
और फिर वह भी ज़बानी मेरी

२. ख़लिश-ए-ग़मज़ा-ए-ख़ूँरेज़ न पूछ
देख ख़ूँनाबा-फ़िशानी मेरी

३. क्या बयाँ करके मिरा, रोयेंगे यार
मगर आशुफ़्ता बयानी मेरी

४. हूँ ज़िख़ुद रफ़्ता-ए-बेदाये ख़याल
भूल जाना है, निशानी मेरी

۵- متقابل ہے مقابل میرا
رُک گیا دیکھ روانی میری

۶- قدرِ سنگِ سرِ رہ رکھتا ہوں
سخت ارزاں ہے گرانی میری

۷- گردِ بادِ رہِ بیتابی ہوں
صرصرِ شوق ہے بانی میری

۸- دہن اُس کا جو نہ معلوم ہوا
کھل گئی ہیچ مدانی میری

۹- کر دیا ضعف نے عاجز غالبؔ
ننگِ پیری ہے جوانی میری

5. mutakābila hai, mukābila mērā
ruka gayā, dēkha ravānī mērī

6. kadar-ē-saṅga-ē-sara-ē-raha rakhatā hūṃ
sakhta arazāṃ hai, girānī mērī

7. garda bāda-ē-raha-ē-bētābī hūṃ
sarasara-ē-śauka hai, bānī mērī

8. dahana usakā, jō na mā'lūma huā
khula gaī hēca madānī mērī

9. kara diyā jō'pha nē āṃjija, gāliba
naṅga-ē-pīrī hai, javānī mērī

5. My rival is facing opposite me
He is silenced by my apposite oration

6. I treat hard every obstruction
How resolute is my determination

7. Driven by demon of impatience
I let ambition give me dictation

8. I could not locate beloved's mouth
It betrayed my lack of sophistication

9. O Ghalib, I am helpless with feebleness
My youth for old age is degradation

५. मुतक़ाबिल है, मुक़ाबिल मेरा
रुक गया, देख रवानी मेरी

६. क़द्र-ए-सँग-ए-सर-ए-रह रखता हूँ
सख़्त अरज़ाँ है, गिरानी मेरी

७. गर्द बाद-ए-रह-ए-बेताबी हूँ
सरसर-ए-शौक़ है, बानी मेरी

८. दहन उसका, जो न मा'लूम हुआ
खुल गई हेच मदानी मेरी

९. कर दिया ज़ो'फ़ ने आजिज़, ग़ालिब
नँग-ए-पीरी है, जवानी मेरी

۱- وہ آکے خواب میں تسکینِ اضطراب تو دے
ولے مجھے تپشِ دل مجالِ خواب تو دے

۲- کرے ہے قتل لگاوٹ میں تیرا رو دینا
تری طرح کوئی تیغِ نگہ کو آب تو دے

۳- دکھا کے جنبشِ لب ہی تمام کر ہم کو
نہ دے جو بوسہ تو منہ سے کہیں جواب تو دے

۴- پلا دے اوک سے ساقی جو ہم سے نفرت ہے
پیالہ گر نہیں دیتا نہ دے شراب تو دے

۵- اسدؔ خوشی سے مرے ہاتھ پاؤں پھول گئے
کہا جو اُس نے ذرا میرے پاؤں داب تو دے

1. vaha ākē khvāba mēṃ, taskīna-ē-ijtirāba tō dē
valē mujhē tapiśa-ē-dila majāla-ē-khvāba tō dē

2. karē hai katla, lagāvaṭa mēṃ tērā rō dēnā
tirī taraha kōī tēga-ē-nigaha kō āba tō dē

3. dikhā kē jumbiśa-ē-laba hī, tamāma kara hama kō
na dē jō bōsā, tō muṃha sē kahīṃ javāba tō dē

4. pilādē ōka sē, sākī, jō hama sē napharata hai
piyālā gara nahīṃ dētā, na dē, śarāba tō dē

5. asada, khuśī sē mirē hātha pāṃva phūla gayē
kahā jō usanē, jarā mērē pāṃva dāba tō dē

1. Let my beloved come in dream to mitigate restlessness
But restlessness of heart first overcome my sleeplessness

2. Your eyeful tears of love are awfully captivating
Your glance is just so lethal in the realm of ruthlessness

3. With a single move of lips, you end our hopelessness
You make us miss your kiss, but you end your speechlessness

4. You refuse to hand a cup, we'll cup our hands to drink
We wish you dispense the wine, though with lovelessness

5. O Asad, I was beside myself with a sense of joyfulness
As beloved bid me care and caress, in a fit of carelessness

१. वह आके ख़्वाब में, तस्कीन-ए-इज़्तिराब तो दे
वले मुझे तपिश-ए-दिल मजाल-ए-ख़्वाब तो दे

२. करे है क़त्ल, लगावट में तेरा रो देना
तिरी तरह कोई तेग़-ए-निगह को आब तो दे

३. दिखा के जुँबिश-ए-लब ही, तमाम कर हम को
न दे जो बोसा, तो मुँह से कहीं जवाब तो दे

४. पिलादे ओक से, साक़ी, जो हम से नफ़रत है
पियाला गर नहीं देता, न दे, शराब तो दे

५. असद, ख़ुशी से मिरे हाथ पाँव फूल गये
कहा जो उसने, ज़रा मरे़ पाँव दाब तो दे

❁❁❁

۱- دھوتا ہوں جب میں پینے کو اُس سیم تن کے پانو
رکھتا ہے ضِد سے کھینچ کے باہر لگن کے پانو

۲- دی سادگی سے جان پڑوں کو ہکن کے پانو
ہیہات! کیوں نہ ٹوٹ گئے پیر زن کے پانو

۳- بھاگے تھے ہم بہت سو اُسی کی سزا ہے یہ
ہو کر اسیر دابتے ہیں راہزن کے پانو

۴- مرہم کی جستجو میں پھرا ہوں جو دُور دُور
تن سے سوا فگار ہیں اُس خستہ تن کے پانو

1. dhōtā hūṃ jaba maiṃ pīnē kō, usa sīmatana kē pāṃva
rakhatā hai jida sē, khēñca kē bāhara lagana kē pāṃva

2. dī sādagī sē jāna, paḍūṃ kōhakana kē pāṃva
haihāta kyōṃ na ṭūṭa gayē, pīrajana kē pāṃva

3. bhāgē thē hama bahuta, sō usī kī sajā hai yaha
hōkara asīra dābatē hai, rāhajana kē pāṃva

4. marahama kī justujū mēṃ, phirā hūṃ jō dūra dūra
tana sē sivā phigāra hai, isa khastātana kē pāṃva

1. When I wish to lie at the fairy's beautiful feet
My wish the fairy belies and withdraws its graceful feet

2. Praise to credulous Kohkan[12], to lose his life thus
Woe to scheming hag[12], not to lose her deceitful feet

3. We tried our best to flee, so as a reprisal for that
As captive now we press the captor's spiteful feet

4. In search of solace have I wandered far and wide
That more than the weary body, I have hurtful feet

१. धोता हूँ जब मैं पीने को, उस सीमतन के पाँव
रखता है ज़िद से, खेंच के बाहर लगन के पाँव

२. दी सादगी से, जान, पड़ूँ कोहकन के पाँव
हैहात क्यों न टूट गये, पीरज़न के पाँव

३. भागे थे हम बहुत, सो उसी की सज़ा है यह
होकर असीर दाबते हैं, राहज़न के पाँव

४. मरहम की जुस्तुजू में, फिरा हूँ जो दूर दूर
तन से सिवा फ़िगार हैं, इस ख़स्तातन के पाँव

۵- اللہ رے ذوقِ دشت نوردی کہ بعد مرگ
ہلتے ہیں خود بخود مرے اندر کفن کے پانْو

۶- ہے جوشِ گل بہار میں یاں تک کہ ہر طرف
اُڑتے ہوئے اُلجھتے ہیں مرغِ چمن کے پانْو

۷- شب کو کسی کے خواب میں آیا نہ ہو کہیں
دکھتے ہیں آج اُس بتِ نازک بدن کے پانْو

۸- غالبؔ مرے کلام میں کیونکر مزا نہ ہو
پیتا ہوں دھوکے خسروِ شیریں سخن کے پانْو

5. allāha rē jauka-ē-daśta navadīṃ, ki bā'da-ē-marga
hilatē haiṃ khuda bakhuda mirē, andara kaphana kē pāṃva

6. hai jōśa-ē-gula bahāra mēṃ yāṃ taka, ki hara tarafa
uḍatē huyē ulajhatē haiṃ, murgha-ē-camana kē pāṃva

7. śaba kō kisī kē khvāba mēṃ āyā na hō kahīṃ
dukhatē hai āja usa buta-ē-nājuka badana kē pāṃva

8. gāliba, mirē kalāma mēṃ kyōṅkara majā na hō
pītā hūṃ dhōkē khusarū-ē-śīrīṃ sukhana kē pāṃva

5. What zest for wandering wild that even after demise
There in the coffin is an urge for my fretful feet

6. Such is the luxurious growth in this time of spring
That in the foliage get entangled bird's baleful feet

7. Due perhaps to the meeting in dream with her charming prince
Dainty Cinderella, today is sore in her fanciful feet

8. Why not, O Ghalib, be my verses a cut above the lot
I tread the path of eloquent Khusrow[13] with my dutiful feet

५. अल्लाह रे ज़ौक़-ए-दश्त नवर्दी, कि बा'द-ए-मर्ग
हिलते हैं खुद बखुद मिरे, अन्दर कफ़न के पाँव

६. है जोश-ए-गुल बहार में याँ तक, कि हर तरफ़
उड़ते हुये उलझते हैं, मुर्ग़-ए-चमन के पाँव

७. शब को किसी के ख़्वाब में आया न हो कहीं
दुखते हैं आज उस बुत-ए-नाजुक बदन के पाँव

८. ग़ालिब, मिरे कलाम में क्योंकर मज़ा न हो
पीता हूँ धोके ख़ुसरू-ए-शीरीं सुख़न के पाँव

***

۱- حسنِ مہ گرچہ بہ ہنگامِ کمال اچھّا ہے
اس سے میرا مہِ خورشیدِ جمال اچھّا ہے

۲- بوسہ دیتے نہیں اور دل پہ ہے ہر لحظہ نگاہ
جی میں کہتے ہیں کہ مفت آئے تو مال اچھّا ہے

۳- اور بازار سے لے آئے اگر ٹوٹ گیا
ساغرِ جم سے مرا جامِ سفال اچھّا ہے

۴- بے طلب دیں تو مزہ اس میں سوا ملتا ہے
وہ گدا جس کو نہ ہو خوئے سوال اچھّا ہے

1. husna-ē-maha, garacā ba haṅgāma-ē-kamāla, acchā hai
   usasē mērā maha-ē-khurśīda jamāla acchā hē

2. bōsā dētē nahīṃ, aura dila pa hai hara lahajā nigāha
   jī mēṃ kahatē haiṃ, ki muphata āyē, tō māla acchā hai

3. aura bājāra sē lē āyē, agara ṭūṭa gayā
   sāgara-ē-jama sē mirā jāma-ē-siphāla acchā 01 hai

4. bētalaba dēṃ tō majā usamēṃ sivā milatā hai
   vaha gadā, jisakō na hō khū-ē-savāla, acchā hai

1. Beauty of full waxing moon, though, is really good
Yet my beloved's moonlike face is exceedingly good

2. Not granting kiss, not remiss, they see nothing amiss
Thinking in heart, for a start, it would be freely good

3. If broken, it could well be had at the market place
Unlike mythical goblet[9] is my glass affordably good

4. One finds pleasure undefined for favour unentwined
A mendicant with no worldly want is non-chalantly good

१. हुस्न-ए-मह, गरचाः ब हँगाम-ए-कमाल, अच्छा है
उससे मेरा मह-ए-ख़ुर्शीद जमाल अच्छा है

२. बोसा देते नहीं, और दिल प है हर लहज़ा निगाह
जी में कहते हैं, कि मुफ़्त आये, तो माल अच्छा है

३. और बाज़ार से ले आये, अगर टूट गया
साग़र-ए-जम से मिरा जाम-ए-सिफ़ाल अच्छा है

४. बेतलब दें तो मज़ा उसमें सिवा मिलता है
वह गदा, जिसको न हो ख़ू-ए-सवाल, अच्छा है

۵- ان کے دیکھے سے جو آ جاتی ہے مُنہ پر رونق
وہ سمجھتے ہیں کہ بیمار کا حال اچھا ہے

۶- دیکھیے پاتے ہیں عشّاق بتوں سے کیا فیض
اِک برہمن نے کہا ہے کہ یہ سال اچھا ہے

۷- قطرہ دریا میں جو مل جائے تو دریا ہو جائے
کام اچھا ہے وہ جس کا کہ مآل اچھا ہے

۸- ہم کو معلوم ہے جنّت کی حقیقت لیکن
دل کے خوش رکھنے کو غالبؔ یہ خیال اچھا ہے

5. unakē dēkhē sē, jō ājātī hai mumha para raunaka
vaha samajhatē haiṃ ki bīmāra kā hāla acchā hai

6. dēkhiyē, pātē hai uśśāka butōṃ sē kyā phaija
ika brahamana nē kahā hai, ki yaha sāla acchā hai

7. katarā dariyā mēṃ jō mila jāya, tō dariyā hō jāya
kāma acchā hai vaha, jisakā ki maāla acchā hai

8. hama kō mā'lūma hai, jannata kī hakīkata, lēkina
dila kē khuśa rakhanē kō gāliba, yaha khayāla acchā hai

5. My face is flushed with joy seeing beloved beside me coy
Beloved takes my sikness as ploy, that I am actually good

6. What benefit may admirers get from idolised icons
A priest has predicted that this year will be hopefully good

7. On its merging with the river is a drop turned to a torrent
What matters for the merger is what is finally good

8. For the reality of paradise, there is no surprise
However, O Ghalib, as a surmise, it is wishfully good

५. उनके देखे से, जो आजाती है मुँह पर रौनक़
वह समझते हैं कि बीमार का हाल अच्छा है

६. देखिये, पाते हैं उश्शक़ बुतों से क्या फ़ैज़
इक ब्रह्मन ने कहा है, कि यह साल अच्छा है

७. क़तरा दरिया में जो मिल जाय, तो दरिया हो जाय
काम अच्छा है वह, जिसका कि मआल अच्छा है

८. हम को मा'लूम है, जन्नत की हक़ीक़त, लेकिन
दिल के खुश रखने को ग़ालिब, यह ख़याल अच्छा है

***

۱- دل سے تری نگاہ جگر تک اُتر گئی
دونوں کو اِک ادا میں رضامند کر گئی

۲- نظّارے نے بھی کام کیا واں نقاب کا
مستی سے ہر نگہ ترے رُخ پر بکھر گئی

۳- وہ بادۂ شبانہ کی سرمستیاں کہاں
اُٹھیے بس اب کہ لذّتِ خوابِ سحر گئی

۴- اُڑتی پھرے ہے خاک مری کوئے یار میں
بارے اب اے ہوا، ہوسِ بال و پر گئی

1. dila sē tiri nigāha jigara taka utara gaī
dōnōṃ kō ika adā mēṃ rajāmanda kara gaī

2. najjārē nē bhī kāma kiyā vāṃ nikāba kā
mastī sē hara nigaha tirē rukha para bikhara gaī

3. vaha bādā-ē-śabānā kī saramastiyāṃ kahā̃ṃ
uṭhiyē basa aba, ki lajjata-ē-khavāba-ē-sahara gaī

4. uḍatī phirē hai khāka mirī, kū-ē-yāra mēṃ
bārē aba ai havā, havasa-ē-bāla-ō-para gaī

1. Your glance like a glancing blow has pierced upto base
Has reconciled both heart and soul in one hypnotic case

2. The sight itself has acted as a screen to bar the view
In a state of dazzle is gaze scattered on your face

3. Alas, nocturnal revelries come to a dismal end
Awake for the morning realism staring you in the face

4. No help from wing is needed for my residual dust
To blow about in beloved's alley, suspended in the space

१. दिल से तिरी निगाह जिगर तक उतर गई
दानों को इक अदा में रज़ामन्द कर गई

२. नज़्ज़ारे ने भी काम किया वाँ निक़ाब का
मस्ती से हर निगह तिरे रुख़ पर बिखर गई

३. वह बादा-ए-शबाना की सरमस्तियाँ कहाँ
उठिये बस अब, कि लज़्ज़त-ए-ख़्वाब-ए-सहर गई

४. उड़ती फिरे है ख़ाक मिरी, कू-ए-यार में
बारे अब ऐ हवा, हवस-ए-बाल-ओ-पर गई

۵- دیکھو تو دلفریبیٔ اندازِ نقشِ پا
موجِ خرامِ ناز بھی کیا گل کتر گئی

۶- ہر بُوالہوس نے حسن پرستی شعار کی
اب آبروئے شیوۂ اہلِ نظر گئی

۷- فرداودی کا تفرقہ یک بار مٹ گیا
کل تم گئے کہ ہم پہ قیامت گزر گئی

۸- مارا زمانے نے اسدؔ اللہ خاں تمہیں
وہ ولولے کہاں وہ جوانی کدھر گئی

5. dēkhā tō, dilapharēbi-ē-andāja-ē-nakśa-ē-pā
mauja-ē-khirāṃa-ē-yāra bhī, kyā gula katara gaī

6. hara bulhavasa nē husna parastī śi'ara kī
aba ābaru-ē-śēvā-ē-ahala-ē-najara gaī

7. pharadā-ōdī kā tapharikā yaka bāra miṭa gayā
kala tuma gayē, ki hama pa kayāmata gujara gaī

8. mārā jamānē nē, asadullāha khāṃ, tumhēṃ
vaha balavalē kahāṃ, vaha javānī kidhara gaī

5. Behold the lightness of beloved's stroll in the garden path
Breeziness of step is such that lovers cannot trace

6. Every fiend with lustfulness is pursuing flirtatious acts
Artfulness of love has lost now its fulsome brace

7. All at once, hell has broken with your departure yesterday
Once for all, time has lost all its sense of pace

8. O Asad, on every hand, you are beaten at time's hand
Where is all your sparkle gone and your youthful grace

५. देखा तो दिलफ़रेबि-ए-अन्दाज़-ए-नक़्श-ए-पा
मौज-ए-ख़िराम-ए-यार भी, क्या गुल कतर गई

६. हर बुल्हवस ने हुस्न परस्ती शि'आर की
अब आबरु-ए-शेवा-ए-अहल-ए-नज़र गई

७. फ़रदा-ओ दीं का तफ़रिक़ा यक बार मिट गया
कल तुम गये, कि हम प क़यामत गुज़र गई

८. मारा ज़माने ने, असदुल्लाह खाँ तुम्हें
वह वलवले कहाँ, वह जवानी किधर गई

***

۱- پھر مجھے دیدۂ تر یاد آیا
دل جگر تشنۂ فریاد آیا

۲- دم لیا تھا نہ قیامت نے ہنوز
پھر ترا وقتِ سفر یاد آیا

۳- عذرِ واماندگی اے حسرتِ دل
نالہ کرتا تھا جگر یاد آیا

۴- سادگی ہائے تمنا یعنی
پھر وہ نیرنگِ نظر یاد آیا

1. phira mujhē dīdaā-ē-tara yāda āyā
dila, jigara taśnā-ē-phariyāda āyā

2. dama liyā thā na kayāmata nē hanōja
phira tirā vakta-ē-saphara yāda āyā

3. ujra-ē-vāmāndagī, aya hasarata-ē-dila
nālā karatā thā, jigara yāda āyā

4. sādagīhā-ē-tamannā, yā'nī
phira vaha nairaṅga-ē-najara yāda āyā

1. Again my tearful eyeroll I recall
Again my heart and soul I recall

2. I still have not overcome the trauma
Your departure on heavenly patrol I recall

3. What excuse for trailing way behind
Lack of spirit and goal I recall

4. What wishful thinking I entertained
Trappings of deceptive role I recall

१. फिर मुझे दीदा-ए-तर याद आया
दिल, जिगर तश्ना-ए-फ़रियाद आया

२. दम लिया था न क़यामत ने हनोज़
फिर तिरा वक़्त-ए-सफ़र याद आया

३. उज़्र - ए - वामान्दगी, अय हसरत - ए - दिल
नाला करता था, जिगर याद आया

४. सादगी हा - ए - तमन्ना यानी
फिर वह नैरंग - ए - नज़र याद आया

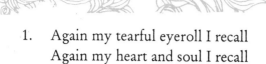

۵- کوئی ویرانی سی ویرانی ہے
دشت کو دیکھ کے گھر یاد آیا

۶- آہ وہ جرأتِ فریاد کہاں
دل سے تنگ آ کے جگر یاد آیا

۷- زندگی یوں بھی گُزر ہی جاتی
کیوں ترا راہگزر یاد آیا

۸- کیا ہی رضواں سے لڑائی ہو گی
گھر ترا خُلد میں گر یاد آیا

۹- میں نے مجنوں پہ لڑکپن میں اسدؔ
سنگ اُٹھایا تھا کہ سر یاد آیا

5. kōī vīrānī sī vīrānī hai
daśta kō dēkha kē ghara yāda āyā

6. āha vaha juraata-ē-phariyāda kahāṃ
dila sē taṅga ā kē jigara yāda āyā

7. jindagī yōṃ bhī gujara hī jātī
kyōṃ tirā rāhagujara yāda āyā

8. kyā hī rijvāṃ sē laḍāī hōgī
ghara tirā khulda mēṃ gara yāda āyā

9. maiṃ nē majanūṃ pē laḍkapana mēṃ 'asada'
saṅga uṭhāyā thā, ki sara yāda āyā

5. Seeing such emptiness, such wilderness
My home an arid hole I recall

6. No spirit is left to entreat for help
My distraught heart's toll I recall

7. I would have completed my life sentence
Why this sense of parole I recall

8. What a row I shall make in heaven
Heaven forbid, your home stroll I recall

9. O Asad, as urchin rollicking rock at Majnoon[14]
I thought my head would roll, I recall

५. कोई वीरानी सी वीरानी है
दश्त को देख के घर याद आया

६. आह वह जुरअत-ए-फ़रियाद कहाँ
दिल से तंग आ के जिगर याद आया

७. ज़िन्दगी यों भी गुज़र ही जाती
क्यों तिरा राहगुज़र याद आया

८. क्या ही रिज़्वाँ से लड़ाई होगी
घर तिरा ख़ुल्द में गर याद आया

९. मैं ने मजनूँ पे लड़कपन में असद'
संग उठाया था, कि सर याद आया

❋❋❋

۱۔ ابنِ مریم ہوا کرے کوئی
میرے دکھ کی دوا کرے کوئی

۲۔ کیا کیا خضر نے سکندر سے
اب کسے رہنما کرے کوئی

۳۔ نہ سُنو گر بُرا کہے کوئی
نہ کہو گر بُرا کرے کوئی

۴۔ بک رہا ہوں جنوں میں کیا کیا کچھ
کچھ نہ سمجھے خدا کرے کوئی

1. ibna-ē-mariyama huā karē kōī
mērē dukha kī davā karē kōī

2. kyā kiyā khijra nē sikandara sē
aba kisē rahanumā karē kōī

3. na sunō, gara burā kahē kōī
na kahō, gara burā karē kōī

4. baka rahā hūṃ junūṃ mēṃ kyā kyā kucha
kucha na samajhē, khudā karē, kōī

1. Let Son of Mary incarnate
And help my intense pain abate

2. How Sikander[16] was taken in by Khizr[16]
How anyone now will take a bait

3. Lend no ear to errant words
If any one errs, do not berate

4. Let all ignore my foolish utterance
In exuberance, whatever I explicate

१. इब्न-ए-मरियम हुआ करे कोई
मेरे दुख की दवा करे कोई

२. क्या किया ख़िज़्र ने सिकन्दर से
अब किसे रहनुमा करे कोई

३. न सुनो, गर बुरा कहे कोई
न कहो, गर बुरा करे कोई

४. बक रहा हूँ जुनूँ में क्या क्या कुछ
कुछ न समझे, ख़ुदा करे, कोई

۵- روک لو گر غلط چلے کوئی
بخش دو گر خطا کرے کوئی

۶- چال جیسے کڑی کماں کا تیر
دل میں ایسے کہ جا کرے کوئی

۷- کون ہے جو نہیں ہے حاجتمند
کس کی حاجت روا کرے کوئی

۸- جب توقّع ہی اُٹھ گئی غالبؔ
کیوں کسی کا گلا کرے کوئی

5. rōka lō, gara galata calē kōī
bakhśa dō, gara khatā karē kōī

6. cāla, jaisē kaḍī kamāna kā tīra
dila mēṃ aisē kē jā karē kōī'

7. kauna hai, jō nahīṃ hai hājatamanda
kisa kī hājata ravā karē kōī

8. jaba tavakkō'a hī uṭha gaī, gāliba
kyōṃ kisī kā gilā karē kōī

5. Restrain, if one goes astray
Forgive one for faults innate

6. Heart is pierced by a shooting arrow
From the tense bow of beloved's gait

7. How indeed to help the deserving
Who in need is undeserving to date

8. When every expectation is extinguished
Why then, O Ghalib, may one speculate

५. रोक लो, गर ग़लत चले कोई
बख़्श दो, गर ख़ता करे कोई

६. चाल, जैसे कड़ी कमान का तीर
दिल में ऐसे के जा करे कोई

७. कौन है, जो नहीं है हाजतमन्द
किस की हाजत रवा करे कोई

८. जब तवक़्क़ो'अ ही उठ गई, ग़ालिब
क्यों किसी का गिला करे कोई

❁❁❁

۱- درد منّت کشِ دوا نہ ہوا
میں نہ اچھّا ہوا، بُرا نہ ہوا

۲- جمع کرتے ہو کیوں رقیبوں کو
اک تماشا ہوا، گلہ نہ ہوا

۳- ہم کہاں قسمت آزمانے جائیں
تو ہی جب خنجر آزما نہ ہوا

۴- کتنے شیریں ہیں تیرے لب کہ رقیب
گالیاں کھا کے بے مزا نہ ہوا

1. darda minnata kaśa-ē-davā na huā
maiṃ na acchā huā, burā na huā

2. jamā karatē hō kyōṃ rakībōṃ kō
ika tamāśā huā, gilā na huā

3. hama kahāṃ kismata ājamānē jāyēṃ
tū hī jaba khañjara ājamā na huā

4. kitanē śīrīṃ haiṃ tērē laba, ki rakība
gāliyāṃ khā kē bēmajā na huā

1. No healing for illness with medication
No ill feeling for my mortification

2. Why at all gather my detractors
To make a spectacle of condemnation

3. Where to go to test our luck
You do not test our determination

4. How sweet your lips that the rival
Did not sour for your fulmination

१. दर्द मिन्नत कश-ए-दवा न हुआ
मैं न अच्छा हुआ, बुरा न हुआ

२. जमा करते हो क्यों रक़ीबों को
इक तमाशा हुआ, गिला न हुआ

३. हम कहाँ क़िस्मत आज़माने जायें
तू ही जब ख़ंजर आज़मा न हुआ

४. कितने शीरीं हैं तेरे लब, कि रक़ीब
गालियाँ खा के बेमज़ा न हुआ

۵- ہے خبر گرم ان کے آنے کی
آج ہی گھر میں بوریا نہ ہوا

۶- کیا وہ نمرود کی خدائی تھی
بندگی میں مرا بھلا نہ ہوا

۷- جان دی دی ہوئی اُسی کی تھی
حق تو یہ ہے کہ حق ادا نہ ہوا

۸- کچھ تو پڑھیے کہ لوگ کہتے ہیں
آج غالبؔ غزل سرا نہ ہوا

5. hai khabara garma unakē ānē kī
āja hī, ghara mēṃ bōriyā na huā

6. kyā vaha namarūda kī khudāī thī
bandagī mēṃ mirā bhalā na huā

7. jāna dī, dī huī usī kī thī
haka tō yaha hai ki, haka adā na huā

8. kucha tō paḍhiyē, ki lōga kahatē haiṃ
āja gāliba gajalasarā na huā

5. Beloved is rumoured to-day to visit
Pity, no perquisite for visitation

6. Mine was no arrogance of Nimrod[15]
That no recompense for my supplication

7. To surrender life to the sponsor of life
In fairness is less than vindication

8. Ghalib did worse than recite his verse
People converse today for recitation

५. है ख़बर गर्म उनके आने की
आज ही, घर में बोरिया न हुआ

६. क्या वह नमरूद की ख़ुदाई थी
बन्दगी में मिरा भला न हुआ

७. जान दी, दी हुई उसी की थी
हक़ तो यह है, कि हक़ अदा न हुआ

८. कुछ तो पढ़िये, कि लोग कहते हैं
आज ग़ालिब ग़ज़लसरा न हुआ

❀❀❀

۱- آہ کو چاہیے اِک عمر اثر ہونے تک
کون جیتا ہے تری زُلف کے سر ہونے تک

۲- دامِ ہر موج میں ہے حلقۂ صد کامِ نہنگ
دیکھیں کیا گزرے ہے قطرے پہ گُہر ہونے تک

۳- عاشقی صبر طلب اور تمنّا بے تاب
دل کا کیا رنگ کروں خونِ جگر ہونے تک

1. āha kō cāhiyē ika umra, asara hōnē taka
kauna jītā hai tirī julpha kē sara hōnē taka

2. dāma-ē-hara mauja mēṃ hai, halkā-ē-sada kāma-ē-nihaṅga
dēkhēṃ kyā gujarē hai katarē pa, guhara hōnē taka

3. āśikī sabra talaba aura tamannā bētāba
dila kā kyā raṅga karūṃ, khūna-ē-jigara hōnē taka

1. A life time a wish may take to make its own impact
Long enough who may live for love to become a fact

2. Every wave has myriad hazards entwined within itself
Myriad trials for a water drop to become a pearl perfect

3. Love demands assiduity and lust commands audacity
The two are in diversity, one impetuous, one circumspect

१. आह को चाहिये इक उम्र, असर होने तक
कौन जीता है तिरी ज़ुल्फ़ के सर होने तक

२. दाम-ए-हर मौज में है, हल्क़ा-ए-सद काम-ए-निहँग
देखें क्या गुज़रे है क़तरे प, गुहर होने तक

३. आशिक़ी सब्र तलब और तमन्ना बेताब
दिल का क्या रँग करूँ, ख़ून-ए-जिगर होने तक

۴- ہم نے مانا کہ تغافل نہ کرو گے لیکن
خاک ہو جائیں گے ہم تم کو خبر ہونے تک

۵- پرتوِ خور سے ہے شبنم کو فنا کی تعلیم
میں بھی ہوں ایک عنائت کی نظر ہونے تک

۶- یک نظر بیش نہیں فرصتِ ہستی غافل
گرمئی بزم ہے اِک رقصِ شرر ہونے تک

۷- غمِ ہستی کا اسدؔ کس سے ہو جز مرگ علاج
شمع ہر رنگ میں جلتی ہے سحر ہونے تک

4. hamanē mānā ki tagāphula na karōgē, lēkina
khāka hō jāyēṅgē hama, tumakō khabara hōnē taka

5. paratava-ē-khura sē hai śabanama kō, phanā kī tā'līma
maiṃ bhī hūṃ, ēka ināyata kī najara hōnē taka

6. yaka najara bēśa nahīṃ, phursata-ē-hastī gāphila
garmi-ē-bajma hai, ika raksa-ē-śarara hōnē taka

7. gama-ē-hastī kā, āsada kisasē hō juja marga ilāja
śam'a hara raṅga mēm jalatī hai sahara hōnē taka

4. Admitted, you will not neglect to respond to our request
We may be turned to dust before you hear and react

5. The sun's message to dew is to vaporise and vanish
That seems between you and me the basis of our pact

6. Ah, what can a life avail other than a moment's travail
Flame of life is a flicker or two, add or subtract

7. Life's deadlock who can break other then death, Asad
A candle burns right till dawn, in every hue and aspect

४. हमने माना कि तग़ाफुल न करोगे, लेकिन
ख़ाक हो जायेंगे हम, तुमको ख़बर होने तक

५. परतव-ए-ख़ुर से है शबनम को, फ़ना की ता'लीम
मैं भी हूँ, एक इनायत की नज़र होने तक

६. यक नज़र बेश नहीं, फुर्सत-ए-हस्ती ग़ाफिल
गर्मि-ए-बज़्म है, इक रक़्स-ए-शरर होने तक

७. ग़म-ए-हस्ती का, असद किससे हो जुज़ मर्ग इलाज
शम'अ हर रँग में जलती है सहर होने तक

۱- ہم سے کھل جاؤ بوقتِ مے پرستی ایک دن
ورنہ ہم چھیڑیں گے رکھ کر عذرِ مستی ایک دن

۲- غرۂ اوجِ بنائے عالمِ امکاں نہ ہو
اس بلندی کے نصیبوں میں ہے پستی ایک دن

۳- قرض کی پیتے تھے مے لیکن سمجھتے تھے کہ ہاں
رنگ لائے گی ہماری فاقہ مستی ایک دن

۴- نغمہ ہائے غم کو بھی اے دل غنیمت جانیے
بے صدا ہو جائے گا یہ سازِ ہستی ایک دن

۵- دھول دھپّا اُس سراپا ناز کا شیوہ نہیں
ہم ہی کر بیٹھے تھے غالبؔ پیش دستی ایک دن

1. hamasē khula jāō vavakta-ē-mai parastī, ēka dina
varnā hama chēḍēṅgē, rakhakara ujra-ē-mastī ēka dina

2. garrā-ē-auja-ē-binā-ē-ālama-ē-imkāṃ na hō
isa bulandī kē nasībōṃ mēṃ hai pastī, ēka dina

3. karja kī pītē thē mai, lēkina samajhatē thē, ki ḥāṃ
raṅga lāyēgī hamārī phākā mastī, ēka dina

4. nagmāhā ē-gama kō bhī, aya dila ganīmata jāniyē
bēsadā hō jāyēgā, yaha sāja-ē-hastī ēka dina

5. dhaula dhappā usa sarāpā nāja kā śēvā nahīṃ
hama hī kara baiṭhē thē, gāliba pēśadasatī ēka dina

1. Come, go easy on us in a drinking session one day
Or we'll not go easy on our depression one day

2. Don't you be taken in by the pomp of this world
Each waxing moon is fated to wane for recession one day

3. We were drinking on borrowed cash, knowing all the time
That living beyond our means will mean dispossession one day

4. Regard, O heart, the jarring dirge even as a bonus
Music of life will be muted, without impression one day

5. Aggravation and aggression are not the style of the fairy
Admittedly, O Ghalib, we were guilty of transgression one day

१. हमसे खुल जाओ बवक़्त-ए-मै परस्ती, एक दिन
वर्ना हम छेड़ेंगे, रखकर उज़्र-ए-मस्ती एक दिन

२. ग़र्रा-ए-औज-ए-बिना-ए-'आलम-ए-इम्काँ न हो
इस बुलन्दी के नसीबों में है पस्ती, एक दिन

३. क़र्ज़ की पीते थे मै, लेकिन समझते थे, कि हाँ
रँग लायेगी हमारी फ़ाक़ा मस्ती, एक दिन

४. नग़्माहा ए-ग़म को भी, अय दिल ग़नीमत जानिये
बेसदा हो जायेगा, यह साज़-ए-हस्ती एक दिन

५. धौल धप्पा उस सरापा नाज़ का शेवा नहीं
हम ही कर बैठे थे, ग़ालिब पेशदस्ती एक दिन

۱- دوست غمخواری میں میری سعی فرمائیں گے کیا
زخم کے بھرنے تلک ناخن نہ بڑھ آئیں گے کیا

۲- بے نیازی حد سے گزری بندہ پرور کب تلک
ہم کہیں گے حالِ دل اور آپ فرمائیں گے کیا

۳- حضرتِ ناصح گر آئیں، دیدہ و دل فرشِ راہ
کوئی مجھ کو یہ تو سمجھا دو کہ سمجھائیں گے کیا

1. dōsta gamakhvārī mēṃ mērī, sa'ī pharamāyēṅgē kyā
jakhma kē bharanē talaka, nākhuna na baḍh jāyēṅgē kyā

2. bēniyājī hada sē gujarī, bandā paravara kaba talaka
hama kahēṅgē hāla-ē-dila, aura āpa pharamāyēṅgē kyā

3. hajarata-ē-nāsēha gara āyēṃ, dīdā-ō-dila pharśa-ē-rāha
kōī mujhakō yaha tō samajhādō, ki samajhāyēṅgē kyā

1. How friends will condescend to assuage my feeling
How fingernails will not contend before my wound's healing

2. Your nonchalance exceeds indeed, how long, O friend in need
You take to ponder a point, and accede to our appealing

3. We'll extend our warmest welcome for our worthy critic
Let someone make us understand what subject he'd be dealing

१. दोस्त ग़मख़्वारी में मेरी, स'इ फ़रमायेंगे क्या
ज़ख़्म के भरने तलक, नाख़ुन न बढ़ जायेंगे क्या

२. बेनियाज़ी हद से गुज़री, बन्दा परवर कब तलक
हम कहेंगे हाल-ए-दिल, और आप फ़रमायेंगे क्या

३. हज़रत-ए-नासेह गर आयें, दीदा-ओ-दिल फ़र्श-ए-राह
कोई मुझको यह तो समझादो, कि समझायेंगे क्या

۴- آج واں تیغ و کفن باندھے ہوئے جاتا ہوں میں
عذر میرے قتل کرنے میں وہ اب لائیں گے کیا

۵- گر کیا ناصح نے ہم کو قید اچھّا یوں سہی
یہ جنونِ عشق کے انداز چھٹ جائیں گے کیا

۶- خانہ زادِ زلف ہیں زنجیر سے بھاگیں گے کیوں
ہیں گرفتارِ وفا زنداں سے گھبرائیں گے کیا

۷- ہے اب اس معمورہ میں قحطِ غمِ الفت اسدؔ
ہم نے یہ مانا کہ دِلّی میں رہیں، کھائیں گے کیا

4. āja vāṃ tēga-ō-kaphana bāndhē huē jātā hūṃ maiṃ
ujra mērē katla karanē mēṃ vaha aba lāyēṅgē kyā

5. gara kiyā nāsēha nē hama kō kaida acchā, yōṃ sahī
yaha janūna-ē-"iśka kē andāja chuṭa jāyēṅgē kyā

6. khānā jāda-ē-julpha haiṃ, jañjīra sē bhāgēṅgē kyōṃ
haiṃ giraphatāra-ē-vaphā, jinndāṃ sē ghabarāyēṅgē kyā

7. hai aba isa mā'mūrē mēṃ kēhata-ē-gama-ē-ulphata, asada
hama nē yaha mānā ki dillī mēṃ rahēṃ, khāyēṅgē kyā

4. I go to face beloved today equipped with sword and shroud
No excuse, whatever, now is left for my fate's sealing

5. If preacher has sent us up the wall, no ill feeling at all
Nothing ever will befall our penchant for free wheeling

6. Tied to beloved's tassels, we'll not flee from hassels
We are prisoners of beloved's shackles, beloved is not unfeeling

7. O Asad, around this place is now a famine of compassion
To continue to stay in Delhi we risk our passion congealing

४. आज वाँ तेग़-ओ-कफ़न बाँधे हुए जाता हूँ मैं
उज़्र मेरे क़त्ल करने में वह अब लायेंगे क्या

५. गर किया नासेह ने हम को क़ैद अच्छा, यों सही
यह जुनून-ए-इश्क़ के अन्दाज़ छुट जायेंगे क्या

६. ख़ाना ज़ाद-ए-ज़ुल्फ़ हैं, ज़ंजीर से भागेंगे क्यों
हैं गिरफ़्तार-ए-वफ़ा, ज़िन्दाँ से घबरायेंगे क्या

७. है अब इस मा'मूरे में क़ेहत-ए-ग़म-ए-उल्फ़त, असद
हम ने यह माना कि दिल्ली में रहें, खायेंगे क्या

❀❀❀

۱- عشرتِ قطرہ ہے دریا میں فنا ہو جانا
درد کا حد سے گزرنا ہے دوا ہو جانا

۲- تجھ سے قسمت میں مری صورتِ قفلِ ابجد
تھا لکھا بات کے بنتے ہی جدا ہو جانا

۳- دل ہوا کشمکشِ چارۂ زحمت میں تمام
مٹ گیا گھسنے میں اس عقدے کا وا ہو جانا

۴- اب جفا سے بھی ہیں محروم ہم اللہ اللہ
اس قدر دشمنِ اربابِ وفا ہو جانا

1. "iśrata-ē-katarā hai, dariyā mēṃ phanā hō jānā
darda kā hada sē gujaranā, hai davā hō jānā

2. tujhasē, kismata mēṃ mirī, sūrata-ē-kuphala-ē-abajada
thā likhā, bāta kē banatē hī, judā hō jānā

3. dila huā kaśamakaśa-ē-cārā-ē-jahamata mēṃ tamāma
miṭa gayā ghisanē mēṃ isa ukdē kā vā hō jānā

4. aba japhā sē bhī haiṃ maharūma hama, allāha allāha
isa kadara duśmana-ē-arabāba-ē-vaphā hō jānā

1. By merging with the river is a drop merrily secure
When pain exceeds a limit, it becomes itself a cure

2. Like incomprehensible alphabet it is written in my fate
That you and I should part, as things become mature

3. Heart has fallen a casualty to our emotional faculty
Though unresolved as an identity, it just did not endure

4. We are now deprived of enmity, O God, so much so
That well wishers with amity, we are unable to allure

१. इश्रत-ए-क़तरा है, दरिया में फ़ना हो जाना
दर्द का हद से गुज़रना, है दवा हो जाना

२. तुझसे, क़िस्मत में मिरी, सूरत-ए-कुफ़्ल-ए-अबजद
था लिखा, बात के बनते ही, जुदा हो जाना

३. दिल हुआ कशमकश-ए-चारा-ए-ज़हमत में तमाम
मिट गया घिसने में इस उक़्दे का वा हो जाना

४. अब जफ़ा से भी हैं महरूम हम, अल्लाह अल्लाह
इस क़दर दुश्मन-ए-अरबाब-ए-वफ़ा हो जाना

۵- ضعف سے گریہ مبدل بہ دمِ سرد ہوا
باور آیا ہمیں پانی کا ہوا ہو جانا

۶- ہے مجھے ابرِ بہاری کا برس کر کھلنا
روتے روتے غمِ فرقت میں فنا ہو جانا

۷- گر نہیں نکہتِ گل کو ترے کوچے کی ہوس
کیوں ہے گردِ رہِ جولانِ صبا ہو جانا

۸- بخشے ہے جلوۂ گل ذوقِ تماشا غالب
چشم کو چاہیے ہر رنگ میں وا ہو جانا

5. jō'pha sē giriyaā-mubadala bada-ē-sarda huā
bāvara āyā hamēṃ pānī kā havā hō jānā

6. hai mujhē aba-ē-bāharī kā barasa kara khulanā
rōtē rōtē gama-ē-phurkata mēṃ, phanā hō jānā

7. gara nahīṃ nakahata-ē-gula kō tirē kūcē kī havasa
kyōṃ hai, garda-ē-raha-ē-jaulāna-ē-sabā hō jānā

8. bakhśē hai jalvā-ē-gula jauka-ē-tamāśā, gāliba
caśma kō cāhiyē hara raṅga mēṃ vā hō jānā

5. Seeing how doleful tears turn into soulful sighs
We believe that vapourous state comes from aqua pure

6. For me the spring cloudburst is reminder of my state
My tearburst in doleful dispersion, to perish premature

7. If flower's scent is not obsessed to search for your alley
Why then the help of wafting wind it wants to procure

8. Eye should savour beauty, in all its florid detail
In nature, O Ghalib, efflorescence is invitingly demure

५. ज़ोफ़ से गिरिया-मुबद्दल बाद-ए-सर्द हुआ
बावर आया हमें पानी का हवा हो जाना

६. है मुझे अब्र-ए-बहारी का बरस कर खुलना
रोते रोते ग़म-ए-फ़ुर्क़त में, फ़ना हो जाना

७. गर नहीं नकहत-ए-गुल को तिरे कूचे की हवस
क्यों है, गर्द-ए-रह-ए-जौलान-ए-सबा हो जाना

८. बख़्शे है जल्वा-ए-गुल ज़ौक़-ए-तमाशा, ग़ालिब
चश्म को चाहिये हर रँग में वा हो जाना

❀❀❀

۱۔ بسکہ دشوار ہے ہر کام کا آساں ہونا
آدمی کو بھی میسر نہیں انساں ہونا

۲۔ گریہ چاہے ہے خرابی میرے کاشانے کی
در و دیوار سے ٹپکے ہے بیاباں ہونا

۳۔ وائے دیوانگیٔ شوق کہ ہر دم مجھ کو
آپ جانا ادھر اور آپ ہی حیراں ہونا

۴۔ جلوہ از بسکہ تقاضائے نگہ کرتا ہے
جوہرِ آئینہ بھی چاہے ہے مژگاں ہونا

1. basaki duśvāra hai, hara kāma kā āsāṃ hōnā
ādamī kō bhī muyassara nahīṃ, insāṃ hōnā

2. giriyā cāhē hai kharābī mirē kāśānē kī
dara-ō-dīvāra sē ṭapakē hai, bayābāṃ hōnā

3. vāya dīvānagi-ē-śauka, ki hara dama mujhakō
āpa jānā udhara, aura āpa hī hairāṃ hōnā

4. jalvaā ajabasa ki takājā-ē-nigaha karatā hai
jauhara-ē-āīnā bhī, cāhē hai miśagāṃ hōnā

1. Just as is difficult for everything to be simplified
It is difficult for every person to be ever dignified

2. My weeping is wanting submergence of my habitat
Home and hearth, already, are visibly petrified

3. Woe to my wanton weakness as all the time, alone
To go to beloved there, while reason is defied

4. Mirror is emulating the example of my beloved
Just as it demands that the eyebrow must be eyed

१. बसकि दुश्वार है, हर काम का आसाँ होना
आदमी को भी मुयस्सर नहीं, इन्साँ होना

२. गिरिया चाहे है ख़राबी मिरे काशाने की
दर-ओ-दीवार से टपके है, बयाबाँ होना

३. वाय दीवानगी-ए-शौक़ कि हर दम मुझको
आप जाना उधर, और आप ही हैराँ होना

४. जल्वा अज़बस कि तक़ाज़ा-ए-निगह करता है
जौहर-ए-आईना भी, चाहे है मिश़गाँ होना

۵۔ عشرتِ قتل گہِ اہلِ تمنا مت پوچھ
عیدِ نظارہ ہے شمشیر کا عریاں ہونا

۶۔ لے گئے خاک میں ہم داغِ تمنائے نشاط
تو ہو اور آپ بصد رنگ گلستاں ہونا

۷۔ کی مرے قتل کے بعد اس نے جفا سے توبہ
ہائے اس زود پشیماں کا پشیماں ہونا

۸۔ حیف اس چار گرہ کپڑے کی قسمت غالب
جس کی قسمت میں ہو عاشق کا گریباں ہونا

5. iśrata-ē-katlagaha-ē-ahala-ē-tamannā mata pūcha
īda-ē-najjārā hai śamaśīra kā uriyāṃ hōnā

6. lē gayē khāka mēṃ hama, dāga-ē-tamannā-ē-naśāta
tū hō, aura āpa basada raṅga gualistāṃ hōnā

7. kī mirē katla kē bāda, usanē japhā sē taubaā
hāya usa jūda paśēmāṃ kā paśēmāṃ hōnā

8. haipha, usa cāra giraha kapaḍē kī mismata, gāliba
jisakī kismata mēṃ hō, aāśika kā garībāṃ hōnā

5. No question about the pleasure of those seeking martyrdom
The sight of sword unsheathed has with Eid[17] crescent vied

6. We wish you full flowering and prosperity of life
Though many a wish of ours has been upto end denied

7. Right after my demise has tormentor forsworn torment
So soon so contrite, soon after I had died

8. What fate, O Ghalib, in store for the tiny piece of cloth
Whose lot is with the garment of a crazy lover tied

५. इश्रत-ए-क़त्लगह-ए-अहल-ए-तमन्ना मत पूछ
ईद-ए-नज़्ज़ारा है शमशीर का उरियाँ होना

६. ले गये ख़ाक में हम, दाग़-ए-तमन्ना-ए-नशात
तू हो, और आप बसद रंग गुलिस्ताँ होना

७. की मिरे क़त्ल के बा'द, उसने जफ़ा से तौबा
हाय उस ज़ूद पशेमाँ का पशेमाँ होना

८. हैफ़, उस चार गिरह कपड़े की क़िस्मत, ग़ालिब
जिसकी क़िस्मत में हो, आशिक़ का गरीबाँ होना

❁❁❁

۱۔ ہوس کو ہے نشاطِ کار کیا کیا
نہ ہو مرنا تو جینے کا مزا کیا

۲۔ تجاہل پیشگی سے مدّعا کیا
کہاں تک اے سراپا ناز کیا کیا

۳۔ نوازشہائے بیجا دیکھتا ہوں
شکایت ہائے رنگیں کا گلا کیا

۴۔ نگاہِ بے محابا چاہتا ہوں
تغافل ہائے تمکیں آزما کیا

۵۔ فروغِ شعلۂ خس یک نفس ہے
ہوس کو پاسِ ناموسِ وفا کیا

1. havasa kō hai nāśāta-ē-kāra kyā kyā
   na hō maranā tō jīnē kā majā kyā

2. tajāhula pēśagī sē mu'daā kyā
   kahāṃ taka, aya sarāpā nāja, kyā, kyā

3. navājiśa hāē-bējā, dēkhatā hūṃ
   śikāyatahā-ē-raṅgīṃ kā gilā kyā

4. nigāha-ē-bēmahābā cāhatā hūṃ
   tagāphula hā-ē-tamakīṃ ājamā kyā

5. pharōga-ē-śō'lā-ē-khasa yaka-naphasa hai
   havasa kō pāsa-ē-nāmūsa-ē-vaphā kyā

1. Ambition aims at maximising pleasance
No pleasure in living if no end to existence

2. What is purpose of studied silence
How long your haughty nonchalence

3. I see your handouts handed to rival
You take exception to my gentle grievance

4. I wish for your undivided attention
Not your indifference to test my patience

5. Lust has no love for lasting values
Like flame of straw based on transience

१. हवस को है नशात-ए-कार क्या क्या
न हो मरना तो जीने का मज़ा क्या

२. तजाहुल पेशगी से मुद्द'आ क्या
कहाँ तक, अय सरापा नाज़, क्या, क्या

३. नवाज़िश हाए-बेजा, देखता हूँ
शिकायतहा-ए-रंगीं का गिला क्या

४. निगाह-ए-बेमहाबा चाहता हूँ
तग़ाफ़ुल हा-ए-तमकीं आज़मा क्या

५. फ़रोग़-ए-शो'ला-ए-ख़स यक-नफ़स है
हवस को पास-ए-नामूस-ए-वफ़ा क्या

۶- نفس موجِ محیطِ بیخودی ہے
تغافل ہائے ساقی کا گلا کیا

۷- دلِ ہر قطرہ ہے سازِ انا البحر
ہم اس کے ہیں، ہمارا پوچھنا کیا

۸- محابا کیا ہے؟ میں ضامن ادھر دیکھ
شہیدانِ وفا کا خونبہا کیا

۹- کیا کس نے جگرداری کا دعویٰ
شکیبِ خاطرِ عاشق بھلا کیا

۱۰- بلائے جاں ہے غالبؔ اُس کی ہر بات
عبارت کیا، اشارت کیا، ادا کیا

6. naphasa, mauja-ē-muhīta-ē-bēkhudī hai
tagāphula hā-ē-sākī kā gilā kyā

dimāga-ē-itra-ē-pairāhana nahīṃ hai
gama-ē-āvāragī hā-ē-sabā kyā

7. dila-ē-kara-katarā hai sāja-ē-anala bahara
hama usakē haiṃ, hamārā pūchanā kyā

8. mahābā kyā hai, maiṃ jāmina, idhara dēkha
śahīdāna-ē-nigaha kā khūṃ-bahā kyā

9. kiyā kisanē jigaradārī kī dā'vā
śikēba-ē-khātira-ē-"āśika, bhalā kyā

10. balā-ē-jāṃ hai, g̲hāliba, usakī hara bāta
ibārata kyā, iśārata kyā, adā kyā

6. I am content in my world
No word against patron's malevolence

7. For man's merger with Divine
Each droplet of ocean is an evidence

8. Martyrs of love are surety themselves
No compensation enough for the consequence

9. A lover does not claim restraint
He is restless in persistence

10. Ghalib's beloved is model of perfection
In speech, in writing, in exuberance

६. नफ़स, मौज-ए-मुहीत-ए-बेख़ुदी है
तग़ाफुल हा-ए-साक़ी का गिला क्या

दिमाग़-ए-इत्र-ए-पैराहन नहीं है
ग़म-ए-आवारगी हा-ए-सबा क्या

७. दिल-ए-हर-क़तरा है साज़-ए-अनल बह्र
हम उसके हैं, हमारा पूछना क्या

८. महाबा क्या है, ऐ ज़ामिन, इधर देख
शहीदान-ए-निगह का ख़ूँ-बहा क्या

९. किया किसने जिगरदारी की दा'वा
शिकेब-ए-ख़ातिर-ए-'आशिक़, भला क्या

१०. वला-ए-जाँ है, ग़ालिब, उसकी हर बात
इबारत क्या, इशारत क्या, अदा क्या

***

۱- آ کہ مری جان کو قرار نہیں ہے
طاقتِ بیدادِ انتظار نہیں ہے

۲- دیتے ہیں جنت حیاتِ دہر کے بدلے
نشہ باندازۂ خمار نہیں ہے

۳- گریہ نکالے ہے تیری بزم سے مجھ کو
ہائے کہ رونے پہ اختیار نہیں ہے

1. ā, ki mirī jāna kō karāra nahīṃ hai
tākata-ē-bēdāda-ē-ēntijāra nahīṃ hai

2. dētē haiṃ jannata, hayāta-ē-dahara kē badalē
naśā bā andājā-ē-khumāra nahīṃ hai

3. giriyā nikālē hai tirī bajma sē, mujhakō
hāya, ki rōnē pē ikhtiyāra nahīṃ hai

1. Come, as my mind is not staying at rest
No strength is left to withstand the waiting test

2. Grant of paradise as exchange for life's abstinence
Intoxication is not worth hangover at best

3. How wailing causes expulsion from your bower
How unavailing my power over my weeping zest

१. आ, कि मिरी जान को क़रार नहीं है
ताक़त-ए-बेदाद-ए-इन्तिज़ार नहीं है

२. देते हैं जन्नत, हयात-ए-दह्र के बदले
नशा बा अन्दाज़ा-ए-ख़ुमार नहीं है

३. गिरिया निकाले है तिरी बज़्म से, मुझको
हाय, कि रोने पे इख़्तियार नहीं है

۴- ہم سے عبث ہے گمان رنجش خاطر
خاک میں عشاق کی غبار نہیں ہے

۵- دل سے اٹھا لطفِ جلوہ ہائے معانی
غیر گل آئینہ بہار نہیں ہے

۶- قتل کا میرے کیا ہے عہد تو بارے
وائے اگر عہد استوار نہیں ہے

۷- تو نے قسم میکشی کی کھائی ہے غالب
تیری قسم کا کچھ اعتبار نہیں ہے

4. hama sē, abasa hai, gumāna-ē-rañjiśa-ē-khātira
khāka mēṃ uśśāka kī gubāra nahīṃ hai

5. dila sē uṭhā lutpha-ē-jalvā hā-ē-ma'ānī
gaira-ē-gula, āīnā-ē-bahāra nahīṃ hai

6. akatla kā mērē kiyā hai ahada tō bārē
vāya, agara ahada ustuvāra nahīṃ hai

7. tū nē kasama maikaśī kī khāī hai, gāliba
tērī kasama kā kucha ē'tibāra nahīṃ hai

4. No use keeping grudge against us in your heart
Lover's heart is pure, lover's heart is blest

5. Derive from heart the pleasure of subtle intellect
Without flowers in spring, there is no fest

6. Now that you have resolved to confiscate my life
What if your resolve is not firm and compact

7. You take a vow, O Ghalib, of abstinence from wine
What if we take your vow avowedly suspect

४. हम से,अबस है, गुमान-ए-रँजिश-ए-ख़ातिर
ख़ाक में उश्शाक़ की गुबार नहीं है

५. दिल से उठा लुत्फ़-ए-जल्वा हा-ए-म'आनी
ग़ैर-ए-गुल, आईना-ए-बहार नहीं है

६. क़त्ल का मेरे किया है अह्द तो बारे
वाय, अगर अह्द उस्तुवार नहीं है

७. तू ने क़सम मैकशी की खाई है ग़ालिब
तेरी क़सम का कुछ ए'तिबार नहीं है

❁❁❁

۱- ہم پر جفا سے ترکِ وفا کا گماں نہیں
اِک چھیڑ ہے وگرنہ مراد امتحاں نہیں

۲- کس منہ سے شکر کیجئے اس لطفِ خاص کا
پُرسِش ہے اور پائے سخن درمیاں نہیں

۳- ہم کو ستم عزیز، ستمگر کو ہم عزیز
نامہرباں نہیں ہے، اگر مہرباں نہیں

۴- بوسہ نہیں، نہ دیجئے، دشنام ہی سہی
آخر زباں تو رکھتے ہو تم، گر دہاں نہیں

1. hama para japhā sē, tarka-ē-vaphā kā gumāṃ nahīṃ
ika chēḍa hai, vagaranā murāda imtihāṃ nahīṃ

2. kisa muṃha sē śukra kījiyē, isa lutpha-ē-khāsa kā
purasiśa hai aura pā-ē-sukhana daramiyāṃ nahīṃ

3. hamakō sitama ajīja, sitamagara kō hama ajīja
nā-mēharabāṃ nahīṃ hai, agara mēharabāṃ nahīṃ

4. bōsā nahīṃ, na dījiyē, duśnāma hī sahī
ākhira jabāṃ tō rakhatē hō tuma, gara dahāṃ nahīṃ

1. Beloved's torment in no way will dent our faculty
We take it a teaser by the way, no test of our loyalty

2. How to thank enough for beloved's special favour
With tongue in cheek enquiry with utmost gullibility

3. Tormenter is fond of us, we are fond of torment
No question of being unkind, even if no affability

4. Aright we miss your kiss, but your abuse is not amiss
Your mouth is not viable, but your tongue has volubility

१. हम पर जफ़ा से, तर्क-ए-वफ़ा का गुमाँ नहीं
इक छेड़ है, वगरना मुराद इम्तिहाँ नहीं

२. किस मुँह से शुक्र कीजिये, इस लुत्फ़-ए-ख़ास का
पुरसिश है और पा-ए-सुख़न दरमियाँ नहीं

३. हमको सितम अज़ीज़, सितमगर को हम अज़ीज़
ना-मेह्‌रबाँ नहीं है, अगर मेह्‌रबाँ नहीं

४. बोसा नहीं, न दीजिये, दुश्नाम ही सही
आख़िर ज़बाँ तो रखते हो तुम, गर दहाँ नहीं

۵- ہر چند جاں گدازئ قہر و عتاب ہے
ہر چند پشت گرمئ تاب و تواں نہیں

۶- نقصاں نہیں جنوں میں' بلا سے ہو گھر خراب
سو گز زمیں کے بدلے بیاباں گراں نہیں

۷- کہتے ہو کیا لکھا ہے تری سر نوشت میں
گویا جبیں پہ سجدۂ بت کا نشاں نہیں

۸- پاتا ہوں اس سے داد کچھ اپنے کلام کی
روح القدس اگرچہ مرا ہمزباں نہیں

۹- جاں ہے بہائے بوسہ' ولے کیوں کہے ابھی
غالبؔ کو جانتا ہے کہ وہ نیم جاں نہیں

5. haracanda jāṃ gudāji-ē-kahara-ō-itāba hai
haracanda puśta garmi-ē-tāba-ō-tavāṃ nahī

6. nuksāṃ nahīṃ junū mēṃ, balā sē hō ghara kharāba
sau gaja jamīṃ kē badalē, bayābāṃ girāṃ nahīṃ

7. kahatē hō, kyā likhā hai tirī saranaviśta mēṃ
gōyā jabīṃ pa sijadā-ē-buta kā niśāṃ nahīṃ

8. pātā hūṃ usa sē dāda kucha apanē kalāma kī
rūhulakudusa agaracē mirā hamajabāṃ nahīṃ

9. jāṃ hai bahā-ē-bōsā, valē kyōṃ kahē, abhī
gāliba kō jānatā hai, aki vaha nīmajāṃ nahīṃ

5. My soul is feeling wretch, because of beloved's stretch
I hardly can bear the stress, I suffer from debility

6. We have this dogged sense, let hamlet go to dogs
Hemmed in homestead against desert spread has no comparability

7. You ask me what is symbolised in my attitude
You see on forehead idolised this mark of servility

8. My verses, even if, are incredulous for the Archangel
He is full of admiration with all the incredulity

9. Life is ransom for a kiss, beloved is not remiss
Knowing Ghalib still is with a chance of survivability

५. हरचन्द जाँ गुदाज़ि-ए-क़ह्र-ओ-इताब है
हरचन्द पुश्त गर्मि-ए-ताब-ओ-तवाँ नहीं

६. नुक़्साँ नहीं जुनूँ में, बला से हो घर ख़राब
सौ गज़ ज़मीं के बदले, बयाबाँ गिराँ नहीं

७. कहते हो, क्या लिखा है तिरी सरनविश्त में
गोया जबीं प सिज्दा-ए-बुत का निशाँ नहीं

८. पाता हूँ उस से दाद कुछ अपने कलाम की
रूहुलक़ुदुस अगरचे मिरा हमज़बाँ नहीं

९. जाँ है बहा-ए-बोसा, वले क्यों कहे, अभी
ग़ालिब को जानता है, कि वह नीमजाँ नहीं

***

۱- عرضِ نیازِ عشق کے قابل نہیں رہا
جس دل پہ نازِ تھا مجھے، وہ دل نہیں رہا

۲. بر روئے شش جہت درِ آئینہ باز ہے
یاں امتیازِ ناقص و کامل نہیں رہا

۳- جاتا ہوں داغِ حسرتِ ہستی لئے ہوئے
ہوں شمعِ کشتہ، در خورِ محفل نہیں رہا

۴- مرنے کی اے دل اور ہی تدبیر کر کہ میں
شایانِ دست و بازوئے قاتل نہیں رہا

1. arja-ē-niyāja-ē-iśka kē kābila nahīṃ rahā
jisa dila pa nāja thā mujhē, vaha dila nahīṃ rahā

2. bara ru-ē-śaśa jihata, dara-ē-āīnā bāja hai
yāṃ imtiyāja-ē-nākisa-ō-kāmila nahīṃ rahā

3. jātā hūṃ dāga-ē-hasarata-ēhastī liyē huē
hūṃ śamad'-ē-kuśtā, dara khura-ē-mahaphila nahīṃ rahā

4. maranē kī, aya dila, aura hī tadabīra kara, ki maiṃ
śāyāna-ē-dasta-ō bāju-ē-kātila nahīṃ rahā

1. Nonchalance of beloved, I can't understand any more
The heart I was proud of, can't withstand any more

2. Window of opportunity is wide open in universe
Notwithstanding perfection or defective band any more

3. I depart from this world with unfulfilled desires
Like extinct candle of precinct, not grand any more

4. O heart, for demise, think of another device
For execution, I don't deserve beloved's hand any more

१. अर्ज़-ए-नियाज़-ए-इश्क़ के क़ाबिल नहीं रहा
जिस दिल प नाज़ था मुझे, वह दिल नहीं रहा

२. वर रु-ए-शश जिहत, दर-ए-आईना बाज़ है
याँ इम्तियाज़-ए-नाक़िस-ओ-कामिल नहीं रहा

३. जाता हूँ दाग़-ए-हसरत-ए-हस्ती लिये हुए
हूँ शम'-ए-कुश्ता, दर ख़ुर-ए-महफ़िल नहीं रहा

४. मरने की, अय दिल, और ही तदबीर कर, कि मैं
शायान-ए-दस्त-ओ-बाजु-ए-क़ातिल नहीं रहा

۵- وا کر دئے ہیں شوق نے بندِ نقابِ حسن
غیر از نگاہ اب کوئی حائل نہیں رہا

۶- گو میں رہا رہینِ ستم ہائے روزگار
لیکن ترے خیال سے غافل نہیں رہا

۷- دل سے ہوائے کشتِ وفا مٹ گئی کہ واں
حاصل سوائے حسرتِ حاصل نہیں رہا

۸- بیدادِ عشق سے نہیں ڈرتا مگر اسدؔ
جس دل پہ ناز تھا مجھے، وہ دل نہیں رہا

5. vā kara diyē haiṃ śauka nē, banda-ē-nikāba-ē-husna
gaira aja nigāha, aba kōī hāila nahīṃ rahā

6. gō maiṃ rahā rahīna-ē-sitamahāē-rōjagāra
lēkina tirē khayāla sē gāphila nahīṃ rahā

7. dila sē havā-ē-kiśta-ē-vaphā miṭa gaī, ki vāṃ
hāsila, sivāya hasarata-ē-hāsila nahīṃ rahā

8. bēdāda-ē-iśka sē nahīṃ ḍaratā, magara asada
jisa dila pē nāja thā mujhē, vaha dila nahīṃ rahā

5. Zeal has helped unwrap covers of beauty throughout
Barring vision itself, no barrier strand anymore

6. I may have been subjected to vagaries of cruel fate
Between you and me no reason to misunderstand anymore

7. Despondency galore, there is no question of allure
Their heart, too barren to lure, no promised land anymore

8. Not afraid of trials of love, I am afraid, Asad
That the heart I was proud of, can't withstand anymore

५. वा कर दिये है शौक़ ने, बन्द-ए-निकाब़-ए-हुस्न
ग़ैर अज़ निगाह, अब कोई हाइल नहीं रहा

६. गो मैं रहा रहीन-ए-सितमहाए-रोज़गार
लेकिन तिरे ख़याल से ग़ाफ़िल नहीं रहा

७. दिल से हवा-ए-किश्त-ए-वफ़ा मिट गई, कि वाँ
हासिल, सिवाय हसरत-ए-हासिल नहीं रहा

८. बेदाद-ए-इश्क़ से नहीं डरता, मगर असद
जिस दिल पे नाज़ था मुझे, वह दिल नहीं रहा

✻✻✻

۱۔ نے گلِ نغمہ ہوں نہ پردۂ ساز
میں ہوں اپنی شکست کی آواز

۲۔ تو اور آرائشِ خمِ کاکل
میں اور اندیشہ ہائے دور دراز

۳۔ لافِ تمکیں فریبِ سادہ دلی
ہم ہیں اور راز ہائے سینہ گداز

۴۔ ہوں گرفتارِ الفتِ صیّاد
ورنہ باقی ہے طاقتِ پرواز

1. na gula-ē-nagamā hūṃ, na pardā-ē-sāja
maiṃ hūṃ apanī śikasta kī āvāja

2. tū aura ārāiśa-ē-khama-ēkākula
maiṃ aura andēśā hā-ē-dūra-ō-darāja

3. lāpha-ē-tamakīṃ, pharēba-ē-sādā dilī
hama haiṃ, aura rājahā ē-sīnā gudāja

4. hūṃ giraphatāra-ē-ulphata-ē-sayayāda
varnā bākī hai tākata-ē-paravāja

1. I am no musical note, nor music's interaction
I am an echo of my own introspection

2. You are engrossed with your etched embellishment
I am embroiled with far fetched detraction

3. Inconceivable that a secret will be kept
Incredible that heart will resist detection

4. I am captive of my captor's love
Though I have strength to escape detention

१. न गुल-ए-नग़मा हूँ, न पर्दा-ए-साज़
मैं हूँ अपनी शिकस्त की आवाज़

२. तू और आराइश-ए-ख़म-ए-काकुल
मैं और अन्देशा हा-ए-दूर-ओ-दराज़

३. लाफ़-ए-तमकीं, फ़रेब-ए-सादा किसी
हम हैं, और राज़हा ए-सीना गुदाज़

४. हूँ गिरफ़्ततार-ए-उल्फ़त-ए-सय्याद
वर्ना बाक़ी है ताक़त-ए-नाज़

۵- وہ بھی دن ہو کہ اس ستمگر سے
ناز کھینچوں بجائے حسرتِ ناز

۶- اے ترا غمزہ، یک قلم انگیز
اے ترا ظلم، سر بہ سر انداز

۷- تُو ہُوا جلوہ گر مبارک ہو
ریزشِ سجدۂ جبینِ نیاز

۸- نہیں دل میں مرے وہ قطرۂ خوں
جس سے مژگاں ہوئی نہ ہو گلباز

۹- اسدؔ اللہ خاں تمام ہُوا
اے دریغا وہ رندِ شاہد باز

5. vaha bhi dina hō, ki usa sitamagara sē
nāja khēñcūṃ, bajāya hasarata-ē-nāja

6. ai tirā gamajai, yaka kalama-aṃgrēja
ai tirā julma, sara basara andāja

7. tū huā jalvai-gara, mubāraka hō
rējiśa-ēa-sijadai-ē-jabīna-ē-niyāja

8. nahīṃ dila mēṃ mirē, vaha katara:-ē-khūṃ
jisa sē miśagāṃ huī na hō gulabāja

9. asadullāha khāṃ tamāma huā
aya darēgā, vaha rinda'-ē-śāhida bāja

5. I long for the day when from beloved
I find acceptance instead of rejection

6. Your beguiling looks make me restless
Your indifference causes such distraction

7. I am gratified that you visit me
I am honoured you came in this direction

8. There is not a drop of blood in heart
But found in my eyes full projection

9. Asad was fond of wine and women
Alas, he departed in utter dejection

५. वह भी दिन हो, कि उस सितमगर से
नाज़ खोंचूँ, बजाय हसरत-ए-नाज़

६. ऐ तिरा ग़मज़ा, यक क़लम-अँगेज़
ऐ तिरा ज़ुल्म, सर बसर अन्दाज़

७. तू हुआ जल्वा-गर, मुबारक हो
रेज़िश-ए-सिज्दा-ए-जबीन-ए-नियाज़

८. नहीं दिल में मिरे, वह क़तर:-ए-ख़ूँ
जिस से मिश़गाँ हुई न हो गुलबाज़

९. असदुल्लाह ख़ाँ तमाम हुआ
अय दरेग़ा, वह रिन्द'-ए-शाहिद बाज़

***

۱- غنچۂ ناشگفتہ کو دور سے مت دِکھا کہ یوں
بوسے کو پوچھتا ہوں میں منہ سے مجھے بتا کہ یوں

۲- رات کے وقت مے پیئے ساتھ رقیب کو لئے
آئے وہ یاں خدا کرے پر نہ کرے خدا کہ یوں

۳- غیر سے رات کیا بنی یہ جو کہا تو دیکھئے
سامنے آن بیٹھنا اور یہ دیکھنا کہ یوں

۴- بزم میں اس کے روبرو کیوں نہ خموش بیٹھئے
اُس کی تو خامشی میں بھی ہے یہی مدّعا کہ یوں

1. guñcā-ē-nāśiguphatā kō dūra sē mata dikhā, ki yōṃ
bōsē kō pūchatā hūṃ maiṃ, muṃha sē mujhē batā, ki yōṃ

2. rāta kē vakta maiṃ piyē, sātha rakība kō liyē
āyē vaha yāṃ khudā karē, para na karē khudā ki yōṃ

3. gaira sē rāta kyā banī, yaha jō kahā, tō adēkhiyē
sāmanē āna baiṭhanā, aura yaha dēkhanā ki yōṃ

4. bajma mēṃ usakē rūbarū, kyōṃ na khamōśa baiṭhiyē
usakī tō khāmaśī mēṃ bhī, hai yahī muda'ā ki yōṃ

1. Don't hold the bud that far to see, like so
I ask the kiss to show by mouth to me, like so

2. Beloved may come tonight, but wish to God aright
Not with the rival in tow, on a drinking spree, like so

3. When asked as how nocturnal meeting with the rival went
Taking umbrage, beloved gave vent, staring at me, like so

4. In front of beloved in enclave, why I shouldn't behave
I sense in beloved's studied silence this very plea, like so

१. गुंचा-ए-नाशगुफ़्ता को दूर से मत दिखा, कि यों
बोसे को पूछता हूँ मैं, मुँह से मुझे बता, कि यों

२. रात के वक़्त मै पिये, साथ रक़ीब को लिये
आये वह याँ ख़ुदा करे, पर न करे ख़ुदा कि यों

३. ग़ैर से रात क्या बनी, यह जो कहा, तो देखिये
सामने आन बैठना, और यह देखना कि यों

४. बज़्म में उसके रूबरू, क्यों न ख़मोश बैठिये
उसकी तो ख़ामशी में भी, है यही मुद्द'आ कि यों

۵- میں نے کہا کہ بزمِ ناز غیر سے چاہیے تہی
سُن کے ستم ظریف نے مجھ کو اُٹھا دیا کہ یوں

۶- مجھ سے کہا جو یار نے جاتے ہیں ہوش کس طرح
دیکھ کے میری بیخودی چلنے لگی ہوا کہ یوں

۷- کب مجھے کوئے یار میں رہنے کی وضع یاد تھی
آئینہ دار بن گئی حیرتِ نقشِ پا کہ یوں

۸- گر ترے دل میں ہو خیال وصل میں شوق کا زوال
موجِ محیطِ آب میں مارے ہے دست و پا کہ یوں

۹- جو یہ کہے کہ ریختہ کیوں کہ ہو رشکِ فارسی
گفتۂ غالبؔ ایک بار پڑھ کر اُسے سُنا کہ یوں

5. mainne kahā ki , bajma-ē-nāja cāhiyē gaira sē, tihī
suna kē sitama jarīpha nē mujhakō uṭhā diyā, ki yōṃ

6. mujhasē kahā jō yāra nē, jātē haiṃ hōśa ki taraha
dēkha kē mērī bēkhudī, calanē lagī havā ki yōṃ

7. kaba mujhē kū-ē-yāra mēṃ rahanē kī vaja'a yāda thī
āinādāra bana gaī, hairata-ē-nakśa-ē-pā, ki yōṃ

8. gara tirē dila mēṃ hō khyāla, vasla mēṃ śauka kā javāla
mauja muhīta-ē-āba mēṃ, mārē hai dasta-ō-pā, ki yōṃ

9. jō yaha kahē, ki rēkhtā kyōṅki hō raśka-ē-phārasī
guphatā-ē-gāliba ēka bāra paḍhakē usē sunā, ki yōṃ

5. When I alluded that the place be secluded from unfriendly folk
Beloved concluded that I be excluded to make it free, like so

6. When my beloved so enquired as how I lose my senses
The breeze as soon began to blow, sensing my glee, like so

7. I scarce remember the living mode in my beloved's abode
No question for me not to be, or to be, like so

8. You apprehend that union with friend results in ardour's end
Just comprehend the arduous trend of waves at sea, like so

9. To those who are perverse, how Urdu like Persian is diverse
Recite just once some Ghalib's verse, for them to agree, like so

५. मैंने कहा कि, बज़्म-ए-नाज़ चाहिये ग़ैर से, तिही
सुन के सितम ज़रीफ़ ने मुझको उठा दिया, कि यों

६. मुझसे कहा जो यार ने, जाते हैं होश किस तरह
देख के मेरी बेख़ुदी, चलने लगी हवा कि यों

७. कब मुझे कू-ए-यार में रहने की वज़्'अ याद थी
आइनादार बन गई, हैरत-ए-नक़्श-ए-पा कि यों

८. गर तिरे दिल में हो ख़याल, वस्ल में शौक़ का ज़वाल
मौज मुहीत-ए-आब में, मारे है दस्त-ओ-पा, कि यों

९. जो यह कहे, कि रेख़्ता क्योंकि हो रश्क-ए-फ़ारसी
गुफ़्ता-ए-ग़ालिब एक बार पढ़के उसे सुना, कि यों

❀❀❀

۱- پھر کچھ اِک دل کو بے قراری ہے
سینہ جویائے زخم کاری ہے

۲- پھر جگر کھودنے لگا ناخن
آمدِ فصلِ لالہ کاری ہے

۳- دل ہوائے خرامِ ناز سے پھر
محشرستانِ بے قراری ہے

۴- جلوہ پھر عرضِ ناز کرتا ہے
روزِ بازارِ جاں سپاری ہے

1. phira kucha ika dila kō bēkarārī hai
sīnā jōyā-ē-jakhma-ē-kārī hai

2. phira jigara khōdanē lagā, nākhuna
āmada-ē-phasla-ē-lālā kārī hai

3. dila havā-ē-khirāma-ē-nāja sē, phira
mahaśaristāna-ē-bēkarārī hai

4. jalbē phira arja-ē-nāja karatā hai
rōja bājāra-ē-jāṃ supārī hai

1. Restlessness again is somehow prevailing
Heart again is sad and ailing

2. Festive spring is in the air
Heart's caution is unavailing

3. Heart incensed with beloved's scent
Fervently is in the mood for trailing

4. Beloved again is indifferent
Though our heart is ever bewailing

१. फिर कुछ इक दिल को बेक़रारी है
सीना जोया-ए-ज़ख़्म-ए-कारी है

२. फिर जिगर खोदने लगा, नाख़ुन
आमद-ए-फ़स्ल-ए-लाला कारी है

३. दिल हवा-ए-ख़िराम-ए-नाज़ से, फिर
मह्शरिस्तान-ए-बेक़रारी है

४. जल्बे फिर अर्ज़-ए-नाज़ करता है
रोज़ बाज़ार-ए-जाँ सुपारी है

۵- پھر اسی بیوفا پہ مرتے ہیں
پھر وہی زندگی ہماری ہے

۶- پھر کھلا ہے درِ عدالتِ ناز
گرم بازارِ فوجداری ہے

۷- ہو رہا ہے جہان میں اندھیر
زلف کی پھر سرشتہ داری ہے

۸- پھر ہوئے ہیں گواہِ عشق طلب
اشکباری کا حکم جاری ہے

۹- بے خودی بے سبب نہیں غالبؔ
کچھ تو ہے جس کی پردہ داری ہے

5. phira usī bēvaphā pē maratē haiṃ
phira vahī jindagī hamārī hai

6. phira khulā hai dara-ē-"adālata-ē-nāja
garma bājāra-ē-phaujadārī hai

7. hō rahā hai jahāna mēṃ aṃdhēra
julpha kī phira sariśtādārī hai

8. phira huē hai gāha-ē-iśka talaba
aśka bārī kā hukma jārī hai

9. bēkhudī bē-sababa nahīṃ, gāliba
kucha tō hai, jisa kī pardādārī hai

5. Again, unfailing in love for beloved
Again, we are in for the same failing

6. Beloved's court is reassembled
For uncourtly activity for impaling

7. World again is in throes of darkness
Beloved's tresses again are abseiling

8. Witnesses for love are again in dock
Order is abroad for their railing

9. Not without reason is Ghalib swooning
There is something he is not detailing

५. फिर उसी बेवफ़ा पे मरते हैं
फिर वही ज़िन्दगी हमारी है

६. फिर खुला है दर-ए-अदालत-ए-नाज़
गर्म बाज़ार-ए-फ़ौजदारी है

७. हो रहा है जहान में अँधेर
ज़ुल्फ़ की फिर सरिश्तादारी है

८. फिर हुए है गवाह-ए-इश्क़ तलब
अश्क बारी का हुक्म जारी है

९. बेख़ुदी बे-सबब नहीं, ग़ालिब
कुछ तो है, जिस की पर्दादारी है

۱۸

۱ - چاہئے اچھّوں کو جتنا چاہئے
وہ اگر چاہیں تو پھر کیا چاہئے

۲ - صحبتِ رنداں سے واجب ہے حذر
جائے ہے، اپنے کو کھینچا چاہئے

۳ - چاہنے کو تیرے کیا سمجھا تھا دل
بارے اب اس سے بھی سمجھا چاہئے

۴ - چاک مت کر جیب، بے ایّامِ گل
کچھ ادھر کا بھی اشارا چاہئے

1. cāhiyē acchōṃ kō jitanā cāhiyē
   yaha agara cāhēṃ, tō phira kyā cāhiyē

2. sōhabata-ē-rindāṃ sē vājiba hai hajara
   jā-ē-mai apanē kō khēñcā cāhiyē

3. cāhanē kō tērē kyā samajhā thā dila
   bārē aba isa sē bhī samajhā cāhiyē

4. cāka mata kara jaiba bē ayayāma-ē-gula
   kucha udhara kā bhī iśārā cāhiyē

1. So good for good people we show affection
If they reciprocate what better satisfaction

2. Good to shun those with the drink addiction
Good to overcome wine's own distraction

3. We had better show firmness for heart
As it shows weakness for your attraction

4. Not to overdo with our own overtures
We had better watch beloved's own reaction

१. चाहिये अच्छों को जितना चाहिये
यह अगर चाहें, तो फिर क्या चाहिये

२. सोह्बत-ए-रिन्दाँ से वाजिब है हज़र
जा-ए-मै अपने को खेंचा चाहिये

३. चाहने को तेरे क्या समझा था दिल
बारे अब इस से भी समझा चाहिये

४. चाक मत कर जैब बे अय्याम-ए-गुल
कुछ उधर का भी इशारा चाहिये

۵- دوستی کا پردہ ہے بیگانگی
منہ چھپانا ہم سے چھوڑا چاہئے

۶- دشمنی نے میری، کھویا غیر کو
کس قدر دشمن ہے، دیکھا چاہئے

۷- اپنی رسوائی میں کیا چلتی سعی
یار ہی ہنگامہ آرا چاہئے

۸- منحصر مرنے پہ ہو جس کی امید
نا امیدی اس کی دیکھا چاہئے

۹- چاہتے ہیں خوبرویوں کو اسدؔ
آپ کی صورت تو دیکھا چاہئے

5. dōstī kā pardā, hai bēgānagī
mumha chupānā hama sē chōḍā cāhiyē

6. duśmanī nē mērī khōyā gaira kō
kisa kadara duśmana hai, dēkhā cāhiyē

7. apanī rusvāī mēṃ kyā calatī hai sa'ia
yāra hī haṅgāmā ārā cāhiyē

8. munahasira maranē pē hō, jisakī umīda
nāumīdī usa kī, dēkhā

9. cāhatē haiṃ khubaruōṃ kō asada
āpa kī sūrata tō dēkhā cāhiyē

5. Aloofness is all ill suited to connection
Let nonchalance give way to interaction

6. Rival's animosity hardened your cusiosity
It is hard to gauge your disaffection

7. How at all to escape embarrassment
It is all because of beloved's infraction

8. For those whose hope depends on dying
It is distressing to see their dissatisfaction

9. Asad has liking for likable folk
Ah, how we like his predilection

५. दोस्ती का पर्दा, है बेगानगी
मुँह छुपाना हम से छोड़ा चाहिये

६. दुश्मनी ने मेरी खोया ग़ैर को
किस क़दर दुश्मन है, देखा चाहिये

७. अपनी रुस्वाई में क्या चलती है स'अि
यार ही हँगामा आरा चाहिये

८. मुन्हसिर मरने पे हो, जिसकी उमीद
नाउमीदी उस की, देखा चाहिये

९. चाहते हैं ख़ूबरुओं को असद
आप की सूरत तो देखा चाहिये

***

۱۔ بے اعتدالیوں سے سبک سب میں ہم ہوئے
جتنے زیادہ ہو گئے اتنے ہی کم ہوئے

۲۔ پنہاں تھا دامِ سخت قریب آشیان کے
اڑنے نہ پائے تھے کہ گرفتار ہم ہوئے

۳۔ ہستی ہماری اپنی فنا پر دلیل ہے
یاں تک مٹے کہ آپ ہم اپنی قسم ہوئے

۴۔ سختی کشانِ عشق کی پوچھے ہے کیا خبر
وہ لوگ رفتہ رفتہ سراپا الم ہوئے

1. bē ētidāliyōṃ sē, subuka saba mēṃ hama huē
jitanē ziyādā hō gayē, utanē hī kama huē

2. pinhāṃ thā dāma-ē-sakhta, qarība āśiyāna kē
uḍanē na pāyē thē, ki giraphtāra hama huē

3. hastī hamārī, apanī fanā para dalīla hai
yāṃ taka miṭē, ki āpa hama apanī qasama huē

4. sakhtī kaśāna-ē-iśka kī pūchē hai kyā khabara
vaha lōga raphtā-raphtā sarāpā alama huē

1. Our downfall resulted from our lack of temperance
The more it was so, the less was our substance

2. There was a hidden trap very near our nest
Before we could fly we were caught in the contrivance

3. Our obliteration becomes an example in itself
Our extinction in the end is the result of our existence

4. You wish to know the status of those seeking love
The folk have by and by met their comeuppance

१. बे ए'तिदालियों से, सुबुक सब में हम हुए
जितने ज़ियादा हो गये, उतने ही कम हुए

२. पिन्हाँ था दाम-ए सख़्त, क़रीब आशियान के
उड़ने न पाये थे, कि गिरफ़्तार हम हुए

३. हस्ती हमारी, अपनी फ़ना पर दलील है
याँ तक मिटे, कि आप हम अपनी क़सम हुए

४. सख़्ती कशान-ए-इश्क़ की पूछे है क्या ख़बर
वह लोग रफ़्ता-रफ़्ता सरापा अलम हुए

۵- تیری وفا سے کیا ہو تلافی کہ دہر میں
تیرے سوا بھی ہم پہ بہت سے ستم ہوئے

۶- لکھتے رہے جنوں کی حکایاتِ خوں چکاں
ہر چند اِس میں ہاتھ ہمارے قلم ہوئے

۷- اللہ رے تیری تندیٔ خو جس کے بیم سے
اجزائے نالہ دل میں مرے رزق ہم ہوئے

۸- اہلِ ہوس کی فتح ہے ترکِ نبردِ عشق
جو پانو اُٹھ گئے وہی ان کے علم ہوئے

۹- چھوڑی اسدؔ نہ ہم نے گدائی میں دل لگی
سائل ہوئے تو عاشقِ اہلِ کرم ہوئے

5. tērī vafā sē kyā hō talāfī, ki dahara mēṃ
tērē sivā bhī, hama pē bahuta sē sitama huē

6. likhatē rahē, junūṃ kī hikāyāta-ē-khūṃ cakām̐
haracanda isa mēṃ hātha hamārē qalama huē

7. allāha rī tērī tundi-ē-khū, jisa kē bīma sē
ajzā-ē-nālā dila mēṃ mirē rijqa-ē-hama huē

8. ahala-ē-havasa kī fath hai, tarka-ē-nabarda-ē-"iśka
jō pām̐va uṭha gayē, vahī unakē alama huē

9. chōḍī, asada na hamanē gadāī mēṃ dillagī
sāila huē tō āśiqa-ē-ahala-ē-karama huē

5. How can fealty itself be an adequate recompense
As in the world we bore rigours of subsistence

6. Gory tales of madness, persistently we have written
Our hands, however, were smitten as a consequence

7. Good Goc, utter fear of your fiery temper
Constituents of my wailing were turned into coherence

8. Victory of avaricious folk is to give up skirmish of love
They only have feet of clay, their feats have no significance

9. O Asad, as a mendicant, we stuck to humourous temperament
We fell in love with the munificent, to live on their munificence

५. तेरी वफ़ा से क्या हो तलाफ़ी, कि दह्‌र में
तेरे सिवा भी, हम पे बहुत से सितम हुए

६. लिखते रहे, जुनूँ की हिकायात-ए-ख़ूँ चकाँ
हरचन्द इस में हाथ हमारे क़लम हुए

७ अल्लाह री तेरी तुन्दि-ए-ख़ू, जिस के बीम से
अज्ज़ा-ए-नाला दिल में मिरे रिज़्क़-ए-हम हुए

८ अहल-ए-हवस की फ़त्‌ह है, तर्क-ए-नबर्द-ए-इश्क़
जो पाँव उठ गये, वही उनके अलम हुए

९ छोड़ी, असद न हमने गदाई में दिल्लगी
साइल हुए तो आशिक़-ए-अहल-ए-करम हुए

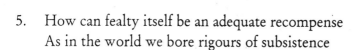

***

۱- گھر جب بنا لیا ترے در پر کہے بغیر
جانے گا اب بھی تو نہ مرا گھر کہے بغیر

۲- کہتے ہیں جب رہی نہ مجھے طاقتِ سخن
جانوں کسی کے دل کی میں کیونکر کہے بغیر

۳- کام اس سے آ پڑا ہے کہ جس کا جہان میں
لیوے نہ کوئی نام ستمگر کہے بغیر

۴- جی میں ہی کچھ نہیں ہے ہمارے وگرنہ ہم
سر جائے یا رہے، نہ رہیں پر کہے بغیر

1. ghara jaba banā liyā tirē dara para, kahē bgh̲aira
jānēgā aba bhī tū na mirā ghara kahē bgh̲aira

2. kahatē haiṃ, jaba rahī na mujhē tāqata-ē-sukh̲ana
jānūṃ kisī nē dila kī maiṃ kyōṅkara, kahē bgh̲aira

3. kāma usasē ā paḋā haiē ki jisakā jahāna mēṃ
lēvē na kōī nāma sitamagara kahē bgh̲aira

4. jī mēṃ hī kucha nahīṃ hai hamārē, vagaranā hama
sara jāyē yā rahē, na rahēṃ para kahē bgh̲aira

1. I have bivouaced at your door, even without permission
Won't you know my billet now, even without admission

2. Now that I am weakened much, to state my point of view
Beloved is feigning ignorance for lack of a transmission

3. We are having to deal with one, who is friendly with no one
He is draconian second to none, without any remission

4. We have nothing left to say, otherwise as a rule
We say at risk of losing head, such is our mission

१. घर जब बना लिया तिरे दर पर, कहे बग़ैर
जानेगा अब भी तू न मिरा घर कहे बग़ैर

२. कहते हैं, जब रही न मुझे ताक़त-ए-सुख़न
जानूँ किसी के दिल की मैं क्योंकर कहे बग़ैर

३. काम उससे आ पड़ा है, कि जिसका जहान में
लेवे न कोई नाम, सितमगर कहे बग़ैर

४. जी में ही कुछ नहीं है हमारे, वगरना हम
सर जाये या रहे, न रहें पर कहे बग़ैर

۵- چھوڑوں گا میں نہ اُس بتِ کافر کو پوجنا
چھوڑے نہ خلق گو مجھے کافر کہے بغیر

۶- ہر چند ہو مشاہدۂ حق کی گفتگو
بنتی نہیں ہے بادہ و ساغر کہے بغیر

۷- بہرہ ہوں میں تو چاہیئے دونا ہو اِلتفات
سنتا نہیں ہوں بات مکرّر کہے بغیر

۸- غالبؔ نہ کر حضور میں تو بار بار عرض
ظاہر ہے تیرا حال سب ان پر کہے بغیر

5. chōḍūgā maiṃ na usa buta-ē-kāfira kā pūjanā
chōḍē na khalfa gō mujhē kāfira kahē bghaira

6. haracanda hō muśāhadā-ē-haqa kī guphtagū
banatī nahīṃ hai, bādā-dō-sāghara kahē bghaira

7. baharā hūṃ maiṃ, tō cāhiyē dūnā hō iltifāta
sunatā nahīṃ hūṃ bāta, mukarrara kahē bghaira

8. ghāliba, na kara huzura mēṃ tū bāra bāra arza
zāhira hai tērā hāla saba unapara, kahē bghaira

5. I never cease to idolise that idol of a being
Let the world accuse me of an idle act of commission

6. However we are quizzical, for empirical or metaphysical
Wine and cup are physical, no question of their omission

7. As I am hard of hearing, I deserve double attention
I need the words repeated, with extra sound emission

8. O Ghalib, do not state your case repeatedly for the patron
He knows your condition as a veteran, without any submission

५. छोड़ूगा मैं न उस बुत-ए-काफ़िर का पूजना
छोड़े न ख़ल्क़ गो मुझे काफ़िर कहे बग़ैर

६. हरचन्द हो मुशाहदा-ए-हक़ की गुफ़्तगू
बनती नहीं है, बादा-ओ-साग़र कहे बग़ैर

७. बहरा हूँ मैं, तो चाहिये दूना हो इल्तिफ़ात
सुनता नहीं हूँ बात, मुकर्रर कहे बग़ैर

८. ग़ालिब, न कर हुज़ूर में तू बार बार अर्ज़
ज़ाहिर है तेरा हाल सब उनपर, कहे बग़ैर

❀❀❀

۱- ہوئی تاخیر تو کچھ باعثِ تاخیر بھی تھا
آپ آتے تھے، مگر کوئی عناں گیر بھی تھا

۲- تم سے بیجا ہے مجھے اپنی تباہی کا گلا
اِس میں کچھ شائبۂ خوبیٔ تقدیر بھی تھا

۳- تو مجھے بھول گیا ہو تو پتا بتلا دوں
کبھی فتراک میں تیرے کوئی نخچیر بھی تھا

1. huī tākhīra, tō kucha bā"yasa-ē-tākhīra bhī thā
   āpa ātē thē, magara kōī anāṅgīra bhī thā

2. tuma sē bajēā hai mujhē apanī tabāhī kā gilā
   usamēṃ kucha śāibā-ē-khūbi-ē-taqadīra bhī thā

3. tū mujhē bhūla gayā hō, tō patā batalādūṃ
   kabhī fitarāka mēṃ tērē, kōī nakhacīra bhī thā

1. You were delayed, there would be a reason for delay
Did someone when you came help you on the way

2. It is unfair to blame you for my ruination
Destiny had, in combination, its own part to play

3. If you happen to forget, let me give you a clue
You recall there was someone in your bag of prey

१. हुई ताख़ीर, तो कुछ बा'यस-ए-ताख़ीर भी था
आप आते थे, मगर कोई अनाँगीर भी था

२. तुम से बेजा है मुझे अपनी तबाही का गिला
उसमें कुछ शाइबा-ए-ख़ूबि-ए-तक़दीर भी था

३. तू मुझे भूल गया हो, तो पता बतलादूँ
कभी फ़ितराक में तेरे, कोई नख़चीर भी था

۴۔ بجلی اِک کوند گئی آنکھوں کے آگے تو کیا
بات کرتے کہ میں لب تشنۂ تقریر بھی تھا

۵۔ یوسف اس کو کہوں اور کچھ نہ کہے خیر ہوئی
گر بگڑ بیٹھے تو میں لائقِ تعزیر بھی تھا

۶۔ پیشے میں عیب نہیں، رکھیے نہ فرہاد کو نام
ہم ہی آشفتہ سروں میں وہ جوانمیر بھی تھا

۷۔ ریختے کے تمہیں اُستاد نہیں ہو غالبؔ
کہتے ہیں اگلے زمانے میں کوئی میر بھی تھا

4. bijalī ika kaunda gaī āṃkhōṃ kē āgē, tō kyā
bāta karatē ki maiṃ laba taśnā-ē-taqarīra bhī thā

5. yūsufa usakō kahūṃ, aura kucha na kahē, khaira huī
gara bigaḋa baiṭhē, tō maiṃ lāifa-ē-tā"zīra bhī thā

6. pēśē mēṃ aēba nahīṃ, rakhiyē na farahāda kō nāma
hama hī āśuphtēsarōṃ mēṃ, vaha javāṃ mīra bhī thā

7. rīkhtē kē tumhīṃ ustāda nahīṃ hō, ghāliba
kahatē haiṃ, agalē zamānē mēṃ kōī mīra bhī thā

4. What if there was a lightning flash in front of my eyes
I wish you had spoken, I was thirsting for you to say

5. I compared beloved with Yousaf[20] and beloved didn't mind
If upset, I could be in a bind, subject to a fray

6. No shame for a profession, no blame for Farhad's[21] obsession
As he was among us lovers a maverick all the way

7. You alone are not, O Ghalib, the master of Urdu language
They say a certain Mir[22] was there, master in his day

४. बिजली इक कौन्द गई आँखों के आगे, तो क्या
बात करते कि मैं लब तश्ना-ए-तक़रीर भी था

५. यूसुफ़ उसको कहूँ, और कुछ न कहे, ख़ैर हुई
गर बिगड़ बैठे, तो मैं लाइक़-ए-ता'ज़ीर भी था

६. पेशे में ऐब नहीं, रखिये न फ़रहाद को नाम
हम ही आशुफ़्तासरों में, वह जवाँ मीर भी था

७. रीख़्ते के तुम्हीं उस्ताद नहीं हो, ग़ालिब
कहते हैं, अगले ज़माने में कोई मीर भी था

❀❀❀

۱- وہ مری چینِ جبیں سے غمِ پنہاں سمجھا
رازِ مکتوب بہ بے ربطیِ عنواں سمجھا

۲- یک الف بیش نہیں صیقلِ آئینہ ہنوز
چاک کرتا ہوں میں جب سے کہ گریباں سمجھا

۳- شرحِ اسبابِ گرفتاریٔ خاطر مت پوچھ
اِس قدر تنگ ہوا دل کہ میں زنداں سمجھا

1. vaha mirī cīna-ē-jabīṃ sē, ghama-ē-pinhāṃ samajhā
rāza-ē-maktūba ba-bērabti-ē-unvāṃ samajhā

2. yaka alifa bēśa nahīṃ, saiqala-ē-āīnā hanōza
cāka karatā hūṃ maiṃ, jaba sē ki garībāṃ samajhā

3. śarha-ē-asbāba-ē-giraphtāri-ē-khātira, mata pūcha
isa qadara taṅga huā dila, ki maiṃ zindāṃ samajhā

1. Beloved guessed my inner sorrow from furrows of my forehead
A letter's secret is given out by haphazard letterhead

2. I still have not polished well the mirror of my heart
I cannot mend very well, my garment tear with thread

3. Don't ask me for the reason for harassment of heart
So encircled it is with grief, it resembles a prisonstead

१. वह मिरी चीन-ए-जबीं से, ग़म-ए-पिन्हाँ समझा
राज़-ए-मक्तूब ब-बेरब्ति-ए-'उन्वाँ समझा

२. यक अलिफ़ बेश नहीं, सैक़ल-ए-'आईना हनोज़
चाक करता हूँ मैं, जब से कि गरीबाँ समझा

३. शरह-ए-अस्बाब-ए-गिरफ़्तारि-ए-ख़ातिर, मत पूछ
इस क़दर तंग हुआ दिल, कि मैं ज़िन्दाँ समझा

۴- عجز سے اپنے یہ جانا کہ وہ بدخو ہو گا
نبضِ خس سے تپشِ شعلۂ سوزاں سمجھا

۵- سفرِ عشق میں کی ضعف نے راحت طلبی
ہر قدم سائے کو میں اپنے شبستاں سمجھا

۶- تھا گریزاں مژۂ یار سے دل تا دمِ مرگ
دفعِ پیکانِ قضا اِس قدر آساں سمجھا

۷- دل دیا جان کے کیوں اس کو وفادار اسدؔ
غلطی کی کہ جو کافر کو مسلماں سمجھا

4. ijza sē apanē yaha jānā, ki vaha badakhū hōgā
nabza-ē-khasa sē tapiśa-ē-śō'lā-ē-sōzāṃ samajhā

5. safara-ē-"iśqa mēṃ kī zōfa nē rāhata talabī
hara qadama sāyē kō maiṃ apanē śabistāṃ samajhā

6. thā gurēzāṃ miśā-ē-yāra sē dila, tā dama-ē-marga
dafā"-ē-paikāna-ē-qazā isa qadara āsāṃ samajhā

7. dila diyā jāna kē kyōṃ usakō vafādāra asada
ghalatī kī ki jō kāfira kō musalamāṃ samajhā

4. My humility was a foil to beloved's vain behaviour
Just like matted straw is to a fire flaming red

5. In path of love the easy nature found an easy way
At every step I took my shadow as nocturnal spread

6. My heart was scared till death by beloved's lethal glances
To fend off fatal nuances, it underestimated their dread

7. Why your heart, O faithful Asad, you knowingly surrendered
You blundered if you wondered for that unfaithful as a kindred

४. इज्ज़ से अपने यह जाना, कि वह बदखू होगा
नब्ज़-ए-ख़स से तपिश-ए-शो'ला-ए-सोज़ाँ समझा

५. सफ़र-ए-'इश्क़ में की ज़ो'फ़ ने राहत तलबी
हर क़दम साये को मैं अपने शबिस्ताँ समझा

६. था गुरेज़ाँ मिशा-ए-यार से दिल, ता दम-ए-मर्ग
दफ़ा'-ए-पैकान-ए-क़जा इस क़दर आसाँ समझा

७. दिल दिया जान के क्यों उसको वफ़ादार असद
ग़लती की कि जो काफ़िर को मुसलमाँ समझ

***

۱۔ گر خامشی سے فائدہ اِخفائے حال ہے
خوش ہوں کہ میری بات سمجھنی محال ہے

۲۔ کس کو سناؤں حسرتِ اظہار کا گلہ
دل فردِ جمع و خرچ زبانہائے لال ہے

۳۔ کس پردے میں ہے آئنہ پرداز اے خدا
رحمت! کہ عذر خواہ لبِ بے سوال ہے

1. gara k̲h̲āmuśī sē fāyadā ik̲h̲afā-ē-hāla hai
khuśa hūṃ, ki mērī bāta samajhanī muhāla hai

2. kisakō sunāuṃ hasrata-ē-izahāra kā gilā
dila farda-ē-jamā-ō-k̲h̲arca zabāṃhā-ē-lāla hai

3. kisa pardē mēṃ hai āinā paradāja, aya k̲h̲udā
rahamata, ki uzrkhvāha laba-ē-bēsavāla hai

1. If silence has the benefit of hiding one's condition
Glad I am 'tis difficult to understand my rendition

2. To whom shall I complain of my inability to explain
Tongue is tied up, head is mixed up for addition

3. O God, behind what curtain you are operating
I request for your mercy, lips sealed in petition

१. गर ख़ामुशी से फ़ायदा इख़्फ़ा-ए-हाल है
ख़ुश हूँ, कि मेरी बात समझनी मुहाल है

२. किसको सुनाऊँ हस्रत-ए-इज़हार का गिला
दिल फ़र्द-ए-जमा-ओ-ख़र्च ज़बाँहा-ए-लाल है

३. किस पर्दे में है आइना परदाज़, अय ख़ुदा
रहमत, कि उज़्र ख़्वाह लब-ए-बेसवाल है

۴- ہے ہے! خدا نخواستہ وہ اور دشمنی
اے شوقِ منفعِل! یہ تجھے کیا خیال ہے

۵- وحشت پہ میری عرصۂ آفاق تنگ تھا
دریا زمین کو عرقِ انفعال ہے

۶- ہستی کے مت فریب میں آجائیو اسدؔ
عالم تمام حلقۂ دامِ خیال ہے

4. hai hai, khudā-na-khvāstā vaha aura duśmanī
ai śauqa:-ē-munafa'ila, yaha tujhē kyā khyāla hai

5. vahaśata pē mērī arsā-ē-āfāqa taṅga thā
dariyā zamīna kō araqa-ē-inf'āla hai

4. Beloved did, O God forbid, contemplate animosity
O petulant curiosity, why irrational supposition

5. Land is narrow in extent, for my wandering temperament
River is sweat to indicate its nervous disposition

6. O Asad, don't be taken in by life's proposition
World at large is nothing but a snare for cognition

४. है है, ख़ुदा-न-ख़्वास्ता वह और दुश्मनी
ऐय शौक़-ए-मुनफ़'इल, यह तुझे क्या ख़याल है

५. वहशत पे मेरी अर्सा-ए-अफ़ाक़ तँग था
दरिया ज़मीन को अरक़-ए-इनफ़'आल है

❀❀❀

۱۔ کوئی اُمّید بر نہیں آتی
کوئی صورت نظر نہیں آتی

۲۔ موت کا ایک دن معیّن ہے
نیند کیوں رات بھر نہیں آتی

۳۔ آگے آتی تھی حالِ دل پہ ہنسی
اب کسی بات پر نہیں آتی

۴۔ جانتا ہوں ثوابِ طاعت و زہد
پر طبیعت اِدھر نہیں آتی

1. kōī ummīda bara nahīṃ ātī
kōī sūrata nazara nahīṃ ātī

2. mauta kā ēka dina mu'aiyana hai
nīnda kyōṃ rāta bhara nahīṃ ātī

3. āgē ātī thī hāla-ē-dila pau haṃsī
aba kisī bāta para nahīṃ ātī

4. jānatā hūṃ savāba-ē-tā'ata-ō-zōhda
para tabī'ata idhara nahīṃ ātī

1. There is not a ray of hope
We do not see any scope

2. Death is sure one fixed day
Why at night for sleep to elope

3. Aforetimes, I chided wayward heart
Nothing now I do but mope

4. I know reward of prayer and piety
Yet hard to travel this slippery slope

१. कोई उम्मीद बर नहीं आती
कोई सूरत नज़र नहीं आती

२. मौत का एक दिन मु'अइयन है
नीन्द क्यों रात भर नहीं आती

३. आगे आती थी हाल-ए-दिल पै हँसी
अब किसी बात पर नहीं आती

४. जानता हूँ सवाब-ए-ता'अत-ओ-ज़ोह्द
पर तबी'अत इधर नहीं आती

۵- ہے کچھ ایسی ہی بات جو چپ ہوں
ورنہ کیا بات کر نہیں آتی

۶- کیوں نہ چیخوں کہ یاد کرتے ہیں
میری آواز گر نہیں آتی

۷- ہم وہاں ہیں جہاں سے ہم کو بھی
کچھ ہماری خبر نہیں آتی

۸- مرتے ہیں آرزو میں مرنے کی
موت آتی ہے پر نہیں آتی

5. hai kucha aisī hī bāta, jō cupa hūṃ
varnā kyā bāta kara nahīṃ ātī

6. kyōṃ na cīkhū ki yāda karatē haiṃ
mērī āvāza gara nahīṃ ātī

7. hama vahāṃ haiṃ, jahāṃ sē hama kō bhī
kucha hamārī khabara nahīṃ ātī

8. maratē haiṃ ārazū mēṃ maranē kī
mauta ātī hai, para nahīṃ ātī

5. I am tongue tied expediently
Not inexpediently for words I grope

6. Why not I bawl at beloved's call
Though voice from lips cannot cope

7. We are at a stage, all forlorn
All adrift, bereft of hope

8. How we are dying for death to come
It does not come but deals the rope

५. है कुछ ऐसी ही बात, जो चुप हूँ
वर्ना क्या बात कर नहीं आती

६. क्यों न चीख़ूँ कि याद करते हैं
मेरी आवाज़ गर नहीं आती

७. हम वहाँ हैं, जहाँ से हम को भी
कुछ हमारी ख़बर नहीं आती

८. मरते हैं आरज़ू में मरने की
मौत आती है, पर नहीं आती

***

۱۔ کوئی دن گر زندگانی اور ہے
اپنے جی میں ہم نے ٹھانی اور ہے

۲۔ آتشِ دوزخ میں یہ گرمی کہاں
سوزِ غم ہائے نہانی اور ہے

۳۔ بارہا دیکھی ہیں ان کی رنجشیں
پر کچھ اب کے سرگرانی اور ہے

1. kōī dina gara zindāgānī aura hai
apanē jī mēṃ hama nē ṭhānī aura hai

2. ātaśa-ē-dōzakha mēṃ, yaha garmī kahāṃ
sōza-ē-ghahmā-ē-nihānī aura hai

3. bārahā dēkhī hai unakī raṃjiśēṃ
para kucha abakē saragirānī aura hai

1. If some life span is left
We have a plan that is deft

2. Hell fire is not as intense hot
As one raging within our chest

3. Beloved's temper has ups and downs
But this is especially high in crest

१. कोई दिन, गर ज़िन्दागानी और है
अपने जी में हम ने ठानी और है

२. आतश-ए-दोज़ख़ में, यह गर्मी कहाँ
सोज़ -ए-ग़म्हा-ए-निहानी और है

३. बारहा देखी हैं उनकी रंजिशें
पर कुछ अबके सरगिरानी और है

۴- دے کے خط منہ دیکھتا ہے نامہ بر
کچھ تو پیغامِ زبانی اور ہے

۵- قاطعِ اعمار ہیں اکثر نجوم
وہ بلائے آسمانی اور ہے

۶- ہو چکیں غالب بلائیں سب تمام
ایک مرگِ ناگہانی اور ہے

4. dē kē k͟hata, muṃha dēkhatā hai nāmā-bara
kucha tō paig͟hāma-ē-zabānī aura hai

5. kātē-ē-ā'māra, haiṃ aksara nujūma
vaha balā-ē-āsmānī aura hai

6. hō cukīṃ g͟hāliba, balāēṃ saba tamāma
ēka marga-ē-nāgahānī aura hai

4. The messenger stares handing a message
To add a word at beloved's behest

5. Though many a star bedevils lives
This one is a devil at its best

6. Ghalib is through with all the blights
One blighted death is another test

४. दे के ख़त, मुँह देखता है नामा-बर
कुछ तो पैग़ाम-ए-ज़बानी और है

५. क़ाते-ए-आ'मार, हैं अक्सर नुजूम
वह बला-ए-आस्मानी और है

६. हो चुकीं ग़ालिब बलाएँ सब तमाम
एक मर्ग-ए-नागहानी और है

❀❀❀

۱۔ مدّت ہوئی ہے یار کو مہماں کئے ہوئے
جوشِ قدح سے بزمِ چراغاں کئے ہوئے

۲۔ کرتا ہوں جمع پھر جگرِ لخت لخت کو
عرصہ ہوا ہے دعوتِ مژگاں کئے ہوئے

۳۔ پھر وضعِ اِحتیاط سے رُکنے لگا ہے دم
برسوں ہوئے ہیں چاک گریباں کئے ہوئے

۴۔ پھر گرم نالہ ہائے شرر بار ہے نفَس
مُدّت ہوئی ہے سیرِ چراغاں کئے ہوئے

1. muddata huī hē yāra kō mēhmāṃ kiyē huē
jōśa-ē-qadaha sē, bajma carāgāṃ kiyē huē

2. karatā hūṃ jama'a phira, jigara-ē-lakhta lakhta kō
arayā huā hai dā"vata-ē-miśagāṃ kiyē huē

3. phira vazā-ē-ēahatiyāta sē rukanē lagā hai dama
barasōṃ huē haiṃ cāka garībāṃ kiyē huē

4. phira garma-ē-nālāhā-ē-śarara bāra hai nafasa
muddata huī hai saira-ē-carāg̲h̲āṃ kiyē huē

1. 'Tis long since our beloved was our honoured guest
'Tis long since the party was enlivened with our zest

2. 'Tis long since we acted as a host to our beloved
For long has our soul been subjected to a test

3. Tis long since we acted with an absolute abandon
As etiquette demanded that our conduct be the best

4. 'Tis long since we relished the lights highly lavished
The heart is feeling ravished, again within our chest

१. मुद्दत हुई है यार को मेह्माँ किये हुए
जोश-ए-क़दह से, बज़्म चरागाँ किये हुए

२. करता हूँ जम'अ फिर, जिगर-ए लख़्त लख़्त को
अरसा हुआ है दा'वत-ए-मिशगाँ किये हुए

३. फिर वज़ा-ए-एहतियात से रुकने लगा है दम
बरसों हुए हैं चाक गरीबाँ किये हुए

४. फिर गर्म-ए-नाला हा-ए-शरर बार है नफ़स
मुद्दत हुई है सैर-ए-चरागाँ किये हुए

۵- دل پھر طوافِ کوئے ملامت کو جائے ہے
پندار کا صنم کدہ ویراں کئے ہوئے

۶- پھر چاہتا ہوں نامۂ دلدار کھولنا
جاں نذرِ دلفریبیِ عنواں کئے ہوئے

۷- پھر جی میں ہے کہ در پہ کسی کے پڑے رہیں
سر زیرِ بارِ منّتِ درباں کئے ہوئے

۸- جی ڈھونڈھتا ہے پھر وہی فرصت کے رات دن
بیٹھے رہیں تصوّرِ جاناں کئے ہوئے

۹- غالبؔ ہمیں نہ چھیڑ کہ پھر جوشِ اشک سے
بیٹھے ہیں ہم تہیّۂ طوفاں کئے ہوئے

5. dila phira tavāfa-ē-kūē-malāmata kō jāyē hai
pindāra kā sanamakadā vīrāṃ kiyē huē

6. phira cāhatā hūṃ nāmā-ē-diladāra khōlanā
jāṃ najra-ē-dila farēbi-ē-unvāṃ kiyē huē

7. phira jī mēṃ hai ki dara pē kisī kē paḍ̂ē rahēṃ
sara zēra-ē-bāra-ē-minnata-ē-darabāṃ kiyē huē

8. jī ḍhūṇḍ̂hatāṃ hai phira vahī fursata kē rāta dina
baiṭhē rahēṃ tasavvura-ē-jānāṃ kiyē huē

9. g̲h̲āliba, hamēṃ na chēḍ̂a ki phira jōś-ē-aśka sē
baiṭhē haiṃ hama tahayyā-ē-tūfāṃ kiyē huē

5. Heart again is wishing to sally into maligned alley
Swallowing pride, not dignified, wallowing all bereft

6. We wish again to browse through beloved's correspondence
With corresponding dedication of soul to attest

7. We wish again to lie at the beloved's door
Entreating for the usher, to open at our request

8. We wish again to savour the idle days of favour
Pensively, nostalgically, for the beloved's quest

9. O Ghalib, do not agitate our mind in turgid state
Our tears will cause a spate, as a token of protest

५. दिल फिर तवाफ़-ए-कूए-मलामत को जाये हैं
पिन्दार का सनमकदा वीराँ किये हुए

६. फिर चाहता हूँ नामा-ए-दिलदार खोलना
जाँ नज़्र-ए-दिल फ़रेबि-ए-उनवाँ किये हुए

७. फिर जी में है कि दर पे किसी के पड़े रहें
सर ज़ेर-ए-बार-ए-मिन्नत-ए-दरबाँ किये हुए

८. जी ढूँढतां है फिर वही फुर्सत के रात दिन
बैठे रहें तसव्वुर-ए-जानाँ किये हुए

९. गालिब, हमें न छेड़ कि फिर जोश-ए-अश्क से
बैठे हैं हम तहय्या-ए-तूफ़ाँ किये हुए

***

۱۔ سرگشتگی میں عالمِ ہستی سے یاس ہے
تسکیں کو دے نوید کہ مرنے کی آس ہے

۲۔ لیتا نہیں مرے دلِ آوارہ کی خبر
اب تک وہ جانتا ہے کہ میرے ہی پاس ہے

۳۔ کیجے بیاں سرورِ تپِ غم کہاں تلک
ہر مو مرے بدن پہ زبانِ سپاس ہے

1. sara gaśtagī mēṃ ālama-ē-hastī sē yāsa hai
taskīṃ kō dē navēda, ki maranē kī āsa hai

2. lētā nahīṃ mirē dila-ē-āvārā kī k̲h̲abara
aba taka vaha jānatā hai, ki mērē kī pāsa hai

3. kījē bayāṃ surūra-ē-taba-ē-g̲h̲ama kahāṃ talaka
hara mū mirē badana pa zabāna-ē-sipāsa hai

1. I have lost sustainability as a result of obsession
Glad tidings for tranquility, I hope for end of session

2. Beloved does not enquire about my wayward heart
Believing, as of now, it is still in my possession

3. Impossible though to state my mind's ecstatic state
Each fibre, eager to formulate, is yearning for expression

१. सर गश्तगी में आलम-ए-हस्ती से यास है
तस्कीं को दे नवेद, कि मरने की आस है

२. लेता नहीं मिरे दिल-ए-आवारा की ख़बर
अब तक वह जानता है, कि मेरे ही पास है

३. कीजे बयाँ सुरूर-ए-तब-ए-ग़म कहाँ तलक
हर मू मिरे बदन प ज़बान-ए-सिपास है

۴- ہے وہ غرورِ حسن سے بیگانۂ وفا
ہر چند اس کے پاس دلِ حق شناس ہے

۵- پی جس قدر ملے شبِ مہتاب میں شراب
اِس بلغمی مزاج کو گرمی ہی راس ہے

۶- ہر اِک مکان کو ہے مکیں سے شرف اسدؔ
مجنوں جو مر گیا ہے تو جنگل اداس ہے

4. hai vaha g͟hurūra-ē-husna sē bēgānā-ē-vafā
haracanda usakē pāsa dila-ē-haqa śanāsa hai

5. pī jisa qadara milē, śaba-ē-mahtāba mēṃ śarāba
isa balag͟hamī mizāja kō garmī hī rāsa hai

6. hara ika makāna kō hai makīṃ sē śarafa, asada
majanūṃ jō mara gayā hai, tō jêgala udāsa hai

4. Too conceited with beauty, the beloved is alien to duty
However much with ingenuity, mind has proper discretion

5. I drink as well I might in a moonlit night
For my nervous plight as a warm dispensation

6. O Asad, each habitat is signified, by inhabitants is dignified
As Majnoon[23] has departed, the desert is in depression

४. है वह गुरूर-ए-हुस्न से बेगाना-ए-वफ़ा
हरचन्द उसके पास दिल-ए-हक़ शनास है

५. पी जिस क़दर मिले, शब-ए-महताब में शराब
इस बलग़मी मिज़ाज को गर्मी ही रास है

६. हर इक मकान को है मकीं से शरफ़, असद
मजनूँ जो मर गया है, तो जँगल उदास है

❊❊❊

۱۔ نہ ہوئی گر مرے مرنے سے تسلّی نہ سہی
امتحاں اور بھی باقی ہو تو یہ بھی نہ سہی

۲۔ خارِ خارِ المِ حسرت دیدار تو ہے
شوقِ گلچینِ گلستانِ تسلّی نہ سہی

۳۔ نَفَسِ قیس کہ ہے چشم و چراغِ صحرا
گر نہیں شمعِ سیہ خانۂ لیلٰی نہ سہی

1. na huī gara mirē maranē sē tasallī, na sahī
iamtihāṃ aura bhī bāqī hōṃ, tō yaha bhī na sahī

2. k͟hāra k͟hāra-ē-alama-ē-hasrata-ē-dīdāra tō hai
śauqa-ē-gulacīna-ē-gulistāna-ē-tasallī na sahī

3. nafasa-ē-qaisa ki hai caśma-ō-carāg͟ha-ē-saharā
gara nahīṃ śama'-ē-siyahak͟hānā-ē-lailā, na sahī

1. If by my life's sacrifice my beloved is not satisfied
Let there be further test if it needs to be tried

2. At least my soul is yearning for the sight of the beloved
Even if no chance, whatever, of being by my side

3. Warm spirit of Qais[24] provides light for desert darkness
Even if for Laila's[24] hamlet unable to provide

१. न हुई गर मिरे मरने से तसल्ली, न सही
इम्तिहाँ और भी बाक़ी हों, तो यह भी न सही

२. खार ख़ार-ए-अलम-ए-हस्रत-ए-दीदार तो है
शौक-ए-गुलचीन-ए-गुलिस्तान-ए-तसल्ली न सही

३. नफ़स-ए-क़ैस कि है चश्म-ओ-चराग़-ए-सह्रा
गर नहीं शम'-ए-सियहख़ाना-ए-लैला, न सही

۴- مے پرستاں خمِ مے منہ سے لگائے ہی بنے
ایک دن گر نہ ہوا بزم میں ساقی نہ سہی

۵- ایک ہنگامے پہ موقوف ہے گھر کی رونق
نوحۂ غم ہی سہی، نغمۂ شادی نہ سہی

۶- نہ ستائش کی تمنّا نہ صلے کی پروا
گر نہیں ہیں مرے اشعار میں معنی نہ سہی

۷- عشرتِ صحبتِ خوباں ہی غنیمت سمجھو
نہ ہوئی غالبؔ اگر عمرِ طبیعی نہ سہی

4. . maiṃ-parastāṃ k͟huma-ē-mai muṃha sē lagāyē hi banē .
ēka dina gara na huā bajma mēṃ sāqī, na sahī

5. ēka haṅgāmē pa mauqūfa, hai ghara kī raunaqa
nauhā-ē-g͟hama hī sahī, naǵmā-ē-śādī na sahī

6. na satāiśa kī tamannā, na silē kī paravā
gara nahīṃ hai mirē aśa'āra mēṃ mā'nī na sahī

7. iśrata-ē-sōhabata-ē-k͟hūbāṃ hī g͟hanīmata samajhō
na huī, g͟hāliba, agara umra-ē-tabī'aī, na sahī

4. O you admirers of wine, help yourselves from cask
One day, though, Saqi[37] is absent, you are not deprived

5. Liveliness of home, at large, depends on lively action
At least some notes of dirge, if no music of flute and hide

6. No matter, if my verses are lacking meaningful matter
I am not for any prize, nor for any pride

7. Regard as bonus the brevity of company of lovely folk
Life's longevity, even if O Ghalib, you may be denied

४. मै-परस्ताँ ख़ुम-ए-मै मुँह से लगाये ही बने
एक दिन गर न हुआ बज़्म में साक़ी, न सही

५. एक हँगामे प मौकूफ़, है घर की रौनक़
नौहा-ए-ग़म ही सही, नग़्मा-ए-शादी न सही

६. न सताइश की तमन्ना, न सिले की परवा
गर नहीं हैं मिरे अश'आर में मा'नी न सही

७. इश्रत-ए-सोह्बत-ए-ख़ूबाँ ही ग़नीमत समझो
न हुई, ग़ालिब, अगर उम्र-ए-तबी'अी, न सही

***

۱- یہ ہم جو ہجر میں دیوار و در کو دیکھتے ہیں
کبھی صبا کو کبھی نامہ بر کو دیکھتے ہیں

۲- وہ آئیں گھر میں ہمارے خدا کی قدرت ہے
کبھی ہم ان کو کبھی اپنے گھر کو دیکھتے ہیں

۳- نظر لگے نہ کہیں اس کے دست و بازو کو
یہ لوگ کیوں مرے زخمِ جگر کو دیکھتے ہیں

۴- ترے جواہرِ طرفِ کلہ کو کیا دیکھیں
ہم اوجِ طالعِ لعل و گہر کو دیکھتے ہیں

1. yaha hama jō hijra mēṃ, dīvāra-ō-dara kō dēkhatē haiṃ
kabhī sabā kō, kabhī nāmā-bara kō dēkhatē haiṃ

2. vaha āyēṃ ghara mēṃ hamārē, khudā kī qudarata hai
kabhī hama unakō, kabhī apanē ghara kō dēkhatē haiṃ

3. nazara lagē na kahīṃ, usakē dasta-ō-bāzū kō
yaha lōga kyōṃ mirē zakhma-ē-jigara kō dēkhatē haiṃ

4. tirē javāhira-ē-tarfa-ē-kulaha kō kyā dēkhēṃ
hama aujē tāl'-ē-lā'la-ō-guhāra kō dēkhatē haiṃ

1. Separated from beloved, we gaze at wall and door
At times peeping through void, at times for courier to soar

2. Our beloved to grace our place is God's own grace
At times, we peer at home, at times at beloved galore

3. God protect the beloved's sinew from people's view
Why they ever see my sores in a state of gore

4. We admire not as such the jewel in beloved's crown
We envy rubies for their renown, for their luck in store

१. यह हम जो हिज्र में, दीवार-ओ-दर को देखते हैं
कभी सबा को, कभी नामा-बर को देखते हैं

२. वह आयें घर में हमारे, ख़ुदा की कुदरत है
कभी हम उनको, कभी अपने घर को देखते हैं

३. नज़र लगे न कहीं, उसके दस्त-ओ-बाज़ू को
यह लोग क्यों मिरे ज़ख़्म-ए-जिगर को देखते हैं

४. तिरे जवाहिर-ए-तर्फ़-ए कुलह को क्या देखें
हम औजे ताल'-ए-ला'ल-ओ-गुहर को देखते हैं

***

۱- جہاں تیرا نقشِ قدم دیکھتے ہیں
خیاباں خیاباں اِرم دیکھتے ہیں

۲- دل آشفتگاں خالِ کنجِ دہن کے
سویدا میں سیرِ عدم دیکھتے ہیں

۳- ترے سرو قامت سے اِک قدِّ آدم
قیامت کے فتنے کو کم دیکھتے ہیں

1. jahāṃ tērā nakśa-ē-kadama dēkhatē haiṃ
khiyāvāṃ khiyābāṃ irama dēkhatē haiṃ

2. dila āśuphtagāṃ khāla-ē-kuñja-ē-dahana kē
suvaidā mēṃ saira-ē-"adama dēkhatē haiṃ

3. tirē sarva qāmata sē, ika qadda-ē-ādama
qayāmata kē fitanē kō, kama dēkhatē haiṃ

1. Wherever you set your foot to walk
You create rows of verdant stalk

2. Lovers in the mole on beloved's mouth
See utter deoth and tall talk

3. Considering nature of your stately stature
Hell's fury is but a thing to mock

१. जहाँ तेरा नक़्श-ए-कदम देखते हैं
ख़ियाबाँ ख़ियाबाँ इरम देखते हैं

२. दिल आशुफ़्तगाँ ख़ाल-ए-कुंज-ए-दहन के
सुवैदा में सैर-ए-'अदम देखते हैं

३. तिरे सर्व क़ामत से, इक क़द्द-ए-आदम
क़यामत के फ़ितने को, कम देखते हैं

۴- تماشا کر اے محوِ آئینہ داری
تجھے کِس تمنّا سے ہم دیکھتے ہیں

۵- سراغِ تفِ نالہء داغِ دل سے
کہ شَب رو کا نقشِ قدم دیکھتے ہیں

۶- بنا کر فقیروں کا ہم بھیس غالبؔ
تماشائے اہلِ کرم دیکھتے ہیں

4. tamāśā kī ai mahva-ē-āīnādārī
tujhē kisa tamannā sē hama dēkhatē haiṃ

5. surāg̲ha-ē-tufa-ē-nālā aō, dāg̲ha-ē-dila sē
ki śaba-ē-rau kā nakśa-ē-qadama dēkhatē haiṃ

6. banā kara faqīrōṃ kā hama bhēsa, g̲hāliba
tamāśā-ē-ahala-ē-karama dēkhatē haiṃ

4. O you, looking into mirror intent
With intense eye for you we gawk

5. Discover the source of longing from heart
As jilted footsteps in dark we chalk

6. O Ghalib, taking on guise of a mendicant,
We take the munificent people's stock

४. तमाशा कि ऐ मह्व-ए-आईनादारी
तुझे किस तमन्ना से हम देखते हैं

५. सुराग़-ए-तुफ़-ए-नाला ओ, दाग़-ए-दिल से
कि शब-ए-रौ का नक़्श-ए-क़दम देखते हैं

६. बना कर फ़क़ीरों का हम भेस, ग़ालिब
तमाशा-ए-अहल-ए-करम देखते हैं

✻✻✻

۱- پھر اس اِنداز سے بہار آئی
کہ ہوئے مہر و مہ تماشائی

۲- دیکھو اے ساکنانِ خطۂ خاک
اِس کو کہتے ہیں عالم آرائی

۳- کہ زمیں ہو گئی ہے سر تا سر
روکشِ سطحِ چرخِ مینائی

1. phira isa andāza sē bahāra āī
ki huē mēhra-ō-maha tamāśāī

2. dēkhō, aya sākināna-ē-khittā-ē-khāka
isa kō kahatē haiṃ ālama ārāī

3. ki zamīṃ hō gaī hai, sara tā sara
rūkaśa-ē-satha-ē-carkha-ē-mināī

1. Spring again is here with a style
Sun and moon watch awhile

2. Look, O you inhabitants of earth
This is embellishment with a high profile

3. Land has become heaven's rival
In beauty and bounty mile to mile

4. When verdure outgrew flowerbeds
It spread on water like a carpetpile

१. फिर इस अन्दाज़ से बहार आई
कि हुए मेह्‌र-ओ-मह तमाशाई

२. देखो, अय साकिनान-ए-ख़ित्ता-ए-ख़ाक
इस को कहते हैं आलम आराई

३. कि ज़मीं हो गई है, सर ता सर
रूकश-ए-सत्‌ह-ए-चर्ख़-ए-मीनाई

۴- سبزے کو جب کہیں جگہ نہ ملی
بن گیا روئے آب پر کائی

۵- سبزہ و گل کو دیکھنے کے لئے
چشمِ نرگس کو دی ہے بینائی

۶- ہے ہوا میں شراب کی تاثیر
بادہ نوشی ہے باد پیمائی

۷- کیوں نہ دنیا کو ہو خوشی غالبؔ
شاہِ دیندار نے شفا پائی

4. sabzē kō jaba kahīṃ jagaha na milī
bana gayā rū-ē-āba parakāī

5. sabzā-ō-gula kē dēkhanē kē liyē
caśma-ē-nargisa kō dī hai bīnāī

6. hai havā mēṃ śarāba kī tāsīra
bādā nōśī hai bād-ē-paimāī

7. kyōṃ na duniyā kō hō k͟huśī, g͟hāliba
śāha-ē-dīndāra nē śifā pāī

5. Nature has granted narcissus sight
To savour efflorescence all the while

6. Breeze is simply breath taking
Is intoxicating like wine virile

7. Why shouldn't world rejoice, O Ghalib
The King has recovered from a sickness vile

४. सब्ज़े को जब कहीं जगह न मिली
बन गया रू-ए-आब परकाई

५. सब्ज़ा-ओ-गुल के देखाने के लिये
चश्म-ए-नर्गिस को दी है बीनाई

६. है हवा में शराब की तासीर
बादा नोशी है बाद-ए-पैमाई

७. क्यों न दुनिया को हो ख़ुशी, ग़ालिब
शाह-ए-दीनदार ने शिफ़ा पाई

***

۱- غیر لیں محفل میں بوسے جام کے
ہم رہیں یوں تشنہ لب پیغام کے

۲- خستگی کا تم سے کیا شکوہ کہ یہ
ہتھکنڈے ہیں چرخِ نیلی فام کے

۳- خط لکھیں گے گرچہ مطلب کچھ نہ ہو
ہم تو عاشق ہیں تمہارے نام کے

1. ghaira lēṃ mahaphila mēṃ, bōsē jāma kē
hama rahēṃ yōṃ taśnā-laba paighāma kē

2. khastagī kā tumasē kyā śikavā ki yaha
hathakaṇḍē haiṃ carkha-ē-nīlī fāma kē

3. khata likhēṅgē, garacē matalaba kucha na hō
hama tō āśiqa haiṃ, tumhārē nāma kē

1. Rivals are cavorting with cups of wine from you
We are thirsting for word of mouth from you

2. I complain not at all of ruination by you
I attribute it all to the bolt from the blue

3. Enamoured we are of you, therefore as such
We shall write missives, even though undue

१. ग़ैर लें महफ़िल में, बोसे जाम के
हम रहें यों तश्ना-लब पैग़ाम के

२. ख़स्तगी का तुमसे क्या शिकवा कि यह
हथ्कण्डे हैं चर्ख़-ए-नीली फ़ाम के

३. ख़त लिखेंगे, गरचे मतलब कुछ न हो
हम तो आशिक़ हैं, तुम्हारे नाम के

۴- رات پی زمزم پہ مے اور صبح دم
دھوئے دھبّے جامۂ اِحرام کے

۵- دل کو آنکھوں نے پھنسایا کیا مگر
یہ بھی حلقے ہیں تمہارے دام کے

۶- عشق نے غالبؔ نکمّا کر دیا
ورنہ ہم بھی آدمی تھے کام کے

4. rāta pī zamazama pē maiṃ aura subaha dama
dhōyē dhabbē jāmā-ē-ēharāma kē

5. dila kō āṃkhōṃ nē phaṃsāyā, kyā magara
yaha bhī halkē haiṃ tumhārē dāma kē

6. iśqa nē, ghāliba nikammā kara diyā
varnā hama bhī ādamī thē kāma kē

4. We washed down at fount at night, and then at dawn
We washed our raiment clean of any spot or hue

5. Eyes have so conspired, to get our heart mired
As you are so admired, they take from you their cue

6. O Ghalib, love has led to our becoming moron
Otherwise, on our own, we deserved utmost due

४. रात पी ज़मज़म पे मैं और सुब्ह दम
धोये धब्बे जामा-ए-एह्राम के

५. दिल को आँखों ने फँसाया, क्या मगर
यह भी हल्क़े हैं तुम्हारे दाम के

६. इश्क़ ने, ग़ालिब निकम्मा कर दिया
वर्ना हम भी आदमी थे काम के

***

۱- کیا تنگ ہم ستم زدگاں کا جہان ہے
جس میں کہ ایک بیضۂ مور آسمان ہے

۲- ہے کائنات کو حرکت تیرے ذوق سے
پرتو سے آفتاب کے ذرّے میں جان ہے

۳- کی اس نے گرم سینۂ اہلِ ہوس میں جا
آوے نہ کیوں پسند کہ ٹھنڈا مکان ہے

1. kyā taṅga hama sitamazadagāṃ kā jahāna hai
jisamēṃ ki ēka baizā-ē-mōra āsamāna hai

2. hai kāyanāta kō harakata tērē jauqa sē
paratau sē āfatāba kē, zarrē mēṃ jāna hai

3. kī usanē garma sīna:-ē-ahala-ē-havasa mēṃ jā
āvē na kyōṃ pasanda, ki ṭhaṇḍā makāna hai

1. The world of we oppressed people is a small abode
That, relatively, an anthill is a far bigger mode

2. The universe is in rotation, it owes to you its motivation
To sun's glare, the lustre of a dust particle is owed

3. The beloved found a niche in avaricious folk's heart
Is it wonder then that the heart is a frigid abode

१. क्या तँग हम सितमज़दगाँ का जहान है
जिसमें कि एक बेज़ा-ए-मोर आसमान है

२. है कायनात को हरकत तेरे ज़ौक़ से
परतौ से आफ़ताब के, ज़र्रे में जान है

३. की उसने गर्म सीनः-ए-अहल-ए-हवस में जा
आवे न क्यों पसन्द, कि ठण्डा मकान है

۴- کیا خوب تم نے غیر کو بوسہ نہیں دیا
بس چپ رہو ہمارے بھی منہ میں زبان ہے

۵- بیٹھا ہے جو کہ سایۂ دیوارِ یار میں
فرماں روائے کشورِ ہندوستان ہے

۶- ہستی کا اعتبار بھی غم نے مٹا دیا
کس سے کہوں کہ داغِ جگر کا نشان ہے

۷- ہے بارے اعتمادِ وفاداری اِس قدر
غالبؔ ہم اس میں خوش ہیں کہ نامہربان ہے

4. kyā k͟hūba, tumanē g͟haira kō bōsā nahīṃ diyā
basa cupa rahō, hamārē bhī muṃha mēṃ zabāna hai

5. baiṭhā hai jō ki sāyā-ē-dīvāra-ē-yāra mēṃ
faramāṃravā-ē-kiśvara-ē-hindōstāna

6. hastī kā ē"tibāra bhī g͟hama nē miṭā diyā
kisasē kahūṃ ki dāg͟ha jigara kā niśāna hai

7. hai bārē ē"timāda-ē-vafādārī isa qadara
g͟hāliba, hama isamēṃ k͟huśa haiṃ, ki nāmēhrabāna hai

4. Did we judge amiss, you gavẹ the rival a kiss
Oh, tongue in cheek is better than the talking code

5. One who sits restful in the shadow of beloved's wall
He feels like king at heart, to believe his line is towed

6. My very belief in existence was obliterated by my gall
Whom to tell at all, that the soul is bent and bowed

7. O Ghalib, we do not squirm, in loyalty we are firm
Happy in our attitude, though inaptitude beloved showed

४. क्या ख़ूब, तुमने ग़ैर को बोसा नहीं दिया
बस चुप रहो, हमारे भी मुँह में ज़बान है

५. बैठा है जो कि साया-ए-दीवार-ए-यार में
फ़रमाँरवा-ए-किश्वर-ए-हिन्दोस्तान है

६. हस्ती का ए'तिबार भी ग़म ने मिटा दिया
किससे कहूँ कि दाग़ जिगर का निशान है

७. है बारे ए'तिमाद-ए-वफ़ादारी इस क़दर
ग़ालिब हम इसमें ख़ुश हैं, कि नामेह्रबान है

✲✲✲

۱- میں اور بزمِ مے سے یوں تشنہ کام آؤں
گر میں نے کی تھی توبہ، ساقی کو کیا ہوا تھا

۲- ہے ایک تیر جس میں دونوں چھدے پڑے ہیں
وہ دن گئے کہ اپنا دل سے جگر جدا تھا

۳- درماندگی میں غالبؔ کچھ بن پڑے تو جانوں
جب رشتہ بے گرہ تھا، ناخنِ گرہ کشا تھا

1. maiṃ aura bajma-ē-mai sē, yōṃ taśnākāma āuṃ
gara maiṃ nē kī thī taubā, sāqī kō kyā huā thā

2. hai ēka tīra, jisa mēṃ dōnōṃ chidē paḓē haiṃ
vaha dina gayē ki apanā dila sē jigara judā thā

3. daramāndagī mēṃ g͟hāliba, kucha bana paḓē, tō jānūṃ
jaba riśtā bēgiraha thā, nāk͟huna giraha kuśā thā

1. How come, I come from tavern with thirst so unquenched
Though I had vowed abstinence, Saqi[37] should have me drenched

2. Together, innards and heart are pierced by the same dart
Gone are days when each of them was separately entrenched

3. O Ghalib, now in sheer despair, I fail to repair
When relations were not knotted, fingers were not clenched

१. मैं और बज़्म-ए-मै से, यों तश्नाकाम आऊँ
गर मैं ने क़ी थी तौबा, साक़ी को क्या हुआ था

२. है एक तीर, जिस में दोनों छिदे पड़े हैं
वह दिन गये कि अपना दिल से जिगर जुदा था

३. दरमान्दगी में ग़ालिब, कुछ बन पड़े, तो जानूँ
जब रिश्ता बेगिरह था, नाख़ुन गिरह कुशा था

❋❋❋

۱- وہ فراق اور وہ وصال کہاں
وہ شب و روز و ماہ و سال کہاں

۲- فرصتِ کاروبارِ شوق کسے
ذوقِ نظارۂ جمال کہاں

۳- دل تو دل وہ دماغ بھی نہ رہا
شورِ سودائے خطّ و خال کہاں

۴- تھی وہ اِک شخص کے تصوّر سے
اب وہ رعنائیٔ خیال کہاں

1. vaha firāqa aura vaha visāla kahāṃ
vaha śaba-ō-rōza-ō-māha-ō-sāla kahāṃ

2. fursata-ē-kāra-ō-bāra-ē-śauqa kisē
zauqa-ē-najzārā-ē-jamāla kahāṃ

3. dila tō dila, vaha dimāgha bhī na rahā
śōra-ē-saudā-ē-khatta-ō-khāla kahāṃ

4. thī vaha ika śakhsa kē tasavvura sē
aba vaha ra'anāi-ē-khayāla kahāṃ

1. Wherefore alternation of union and separation
Wherefore joyous times of long duration

2. Who has time for aesthetic pursuits
Who has time for ethereal sensation

3. Body and mind are both afflicted
Not much is left for meditation

4. It is entirely owed to one inspiration
Where now that flight of imagination

१. वह फ़िराक़ और वह विसाल कहाँ
वह शब-ओ-रोज़-ओ-माह-ओ-साल कहाँ

२. फ़ुर्सत-ए-कार-ओ-बार-ए-शौक़ किसे
ज़ौक़-ए-नज़्ज़ारा-ए जमाल कहाँ

३. दिल तो दिल, वह दिमाग़ भी न रहा
शोर-ए-सौदा-ए-ख़त-ओ-ख़ाल कहाँ

४. थी वह इक शख़्स के तसव्वुर से
अब वह र'अनाइ-ए-ख़याल कहाँ

۵- ایسا آساں نہیں لہو رونا
دل میں طاقت جگر میں حال کہاں

۶- ہم سے چھوٹا قمار خانۂ عشق
واں جو جاویں گرہ میں مال کہاں

۷- فکرِ دنیا میں سر کھپاتا ہوں
میں کہاں اور یہ وبال کہاں

۸- مضمحل ہو گئے قویٰ غالب
وہ عناصر میں اِعتدال کہاں

5. aisā āsāṃ nahīṃ, lahū rōnā
dila mēṃ tāqata, jigara mēṃ hāla kahāṃ

6. hama sē chūṭā qimāra khānā-ē-a"iśqa
vāṃ jō jāvēṃ, giraha mēṃ māla vahāṃ

7. phikra-ē-duniyā mēṃ sar khapātā hūṃ
maiṃ kahāṃ aura yaha vabāla kahāṃ

8. muzamahila hōgayē quvā, ghāliba
vaha anāsira mēṃ ē"tidāla kahāṃ

5. No more easy to do exertion
For body and soul no exhortation

6. No more gambit or gamble for love
We are in a state of liquidation

7. I have to deal with matters mundane
I am not, though, given to deliberation

8. Faculties are all enfeebled, O Ghalib
In elements, no longer moderation

५. ऐसा आसाँ नहीं, लहू रोना
दिल में ताक़त, जिगर में हाल कहाँ

६. हम से छूटा क़िमार ख़ाना-ए-'इश्क़
वाँ जो जावें, गिरह में माल कहाँ

७. फ़िक्र-ए-दुनिया में सर खपाता हूँ
मैं कहाँ और यह वबाल कहाँ

८. मुज़महिल होगये क़ुवा, ग़ालिब
वह अनासिर में ए'तिदाल कहाँ

***

١- عشق تاثیر سے نومید نہیں
جاں سپاری شجرِ بید نہیں

٢- سلطنت دست بدست آئی ہے
جام مے خاتمِ جمشید نہیں

٣- ہے تجلّی تری سامانِ وجود
ذرّہ بے پرتوِ خورشید نہیں

٤- گردشِ رنگِ طرب سے ڈر ہے
غمِ محرومئ جاوید نہیں

٥- کہتے ہیں جیتے ہیں امید پہ لوگ
ہم کو جینے کی بھی امید نہیں

1. "iśka tāsīrara sē naumēda nahīṃ
jāṃ supānī śajana-ē-bēda nahīṃ

2. saltanata dasta badasta ā.ī hai
jāma-ē-mai, k͟hātama-ē-jamaśēda nahīṃ

3. hai tajallī tirī sāmāna-ē-vujūda
zarrā bē paratava-ē-khuraśīda nahīṃ

4. rāza-ē-mā'śūqa na rusvā hō jāyē
varnā mara jānē mēṃ kucha bhēda nahīṃ

5. gardiśa-ē-raṅga-ē-taraba sē ḍara hai
g͟hama-ē-maharūmi-ē-jāvēda nahīṃ

1. Love does not despair of its seed
Fealty is no stem of reed

2. Kingdom changes from hand to hand
Wine cup is not sacrosanct indeed

3. Your nature gives stature to matter
To sun an atom owes its breed

4. We fear reversal of happy times
To universal fear we don't accede

5. They say people live on hope
In the hope to live we don't succeed

१. इश्क़ तासीर से नौमेद नहीं
जाँ सुपारी शजर-ए-बेद नहीं

२. सल्तनत दस्त बदस्त आई है
जाम-ए-मै, ख़ातम-ए-जमशेद नहीं

३. है तजल्ली तिरी सामान-ए-वुजूद
ज़र्रा बे परतव-ए-ख़ुरशीद नहीं

४. राज़-ए-मा'शूक़ न रुस्वा हो जाये
वर्ना मर जाने में कुछ भेद नहीं

५. गर्दिश-ए-रँग-ए-तरब से डर है
ग़म-ए-महरूमि-ए-जावेद नहीं

❀❀❀

۱۔ تیرے توسن کو صبا باندھتے ہیں
ہم بھی مضموں کی ہوا باندھتے ہیں

۲۔ آہ کا کس نے اثر دیکھا ہے
ہم بھی اِک اپنی ہوا باندھتے ہیں

۳۔ تیری فرصت کے مقابل اے عمر
برق کو پا بہ حنا باندھتے ہیں

۴۔ قیدِ ہستی سے رہائی معلوم
اشک کو بے سرو پا باندھتے ہیں

1. tērē tausana kō sabā bāndhatē haiṃ
hama bhī mazamūṃ kī havā bāndhatē haiṃ

2. āha kā kisanē asara dēkhā hai
hama bhī ika apanī havā bāndhatē haiṃ

3. tērī fursata kē muqābila, ai umra
barqa kō pā ba-ē hinā bāndhatē haiṃ

4. qaida-ē-hastī sē rihāī, mā'lūma
aśka kō bē sara-ō-pā bāndhatē haiṃ

1. We liken breeze to your steed
We put in words an idea of speed

2. Who has seen the sighs effectual
They are meant for beloved's heed

3. Life's passage is so lightning fast
Lightning, relatively, is chicken's feed

4. No escape from rigours of life
Better obey its rules and creed

१. तेरे तौसन को सबा बाँधते हैं
हम भी मज़मूँ की हवा बाँधते हैं

२. आह का किसने असर देखा है
हम भी इक अपनी हवा बाँधते हैं

३. तेरी फ़ुर्सत के मुक़ाबिल ऐ उम्र
बर्क़ को पा ब-ए हिना बाँधते हैं

४. क़ैद-ए-हस्ती से रिहाई, मा'लूम
अश्क को बे सर-ओ-पा बाँधते हैं

۵- نشۂ رنگ سے ہے واشدِ گل
مست کب بندِ قبا باندھتے ہیں

۶- غلطی ہائے مضامیں مت پوچھ
لوگ نالے کو رسا باندھتے ہیں

۷- اہلِ تدبیر کی واماندگیاں
آبلوں پر بھی حنا باندھتے ہیں

۸- سادہ و پُرکار ہیں خوباں غالبؔ
ہم سے پیمانِ وفا باندھتے ہیں

5. naśśā-ē-raṅga sē, hai vāśuda-ē-gula
masta kaba banda-ē-qabā bāndhatē haiṃ

6. ghalatī-hāē-mazāmīṃ mata pūcha
lōga, nālē kō rasā bāndhatē haiṃ

7. ahala-ē-tadabīra kī vāmāndagiyāṃ
ābalōṃ para bhī hinā bāndhatē haiṃ

8. sādā purakāra hai khūbāṃ ghāliba
hama sē paimāna-ē-vafā bāndhatē haiṃ

5. Flowers bloom by colours unwrapping
Those in love unwind to succeed

6. Those in love imagine wrongly
That only sighs will meet their need

7. Watch waywardness of worldly wise
They cover blisters with magic weed

8. They ensnare Ghalib with coquetry
With sophistry, folk are naïve indeed

५. नश्शा-ए-रँग से, है वाशुद-ए-गुल
मस्त कब बन्द-ए-क़बा बाँधते हैं

६. ग़लती-हाए-मंज़ामीं मत पूछ
लोग, नाले को रसा बाँधते हैं

७. अह्ल-ए-तद्बीर की वामान्दगियाँ
आबलों पर भी हिना बाँधते हैं

८. सादा पुरकार हैं ख़ूबाँ, ग़ालिब
हम से पैमान-ए-वफ़ा बाँधते हैं

۱- جور سے باز آئے پر باز آئیں کیا
کہتے ہیں ہم تجھ کو منہ دکھلائیں کیا

۲- رات دن گردش میں ہیں سات آسماں
ہو رہے گا کچھ نہ کچھ، گھبرائیں کیا

۳- لاگ ہو تو اس کو ہم سمجھیں لگاؤ
جب نہ ہو کچھ بھی تو دھوکا کھائیں کیا

1. jaura sē bāza āyē para bāza āyēṃ kyā
kahatē haiṃ, hama tujhakō muṃha dikhalāyēṃ kyā

2. rāta dina, gardiśa mēṃ haiṃ sāta āsmāṃ
hō rahēgā kucha na kucha, ghabarāyēṃ kyā

3. lāga hō, tō usakō hama samajhēṃ lagāva
jaba na hō kucha bhī, tō dhōkā khāyēṃ kyā

1. Beloved stopped tormenting, but didn't quite desist
Refusing to meet in person, it gave a different twist

2. Day and night, seven heavens are at sixes and sevens
Something sure will happen, why panic and drift

3. Animation and animosity are norms of relationship
If neither of the two, of what it could consist

१. जौर से बाज़ आये पर बाज़ आयें क्या
कहते हैं, हम तुझको मुँह दिखलायें क्या

२. रात दिन, गर्दिश में हैं सात आस्माँ
हो रहेगा कुछ न कुछ घबरायें क्या

३. लाग हो, तो उसको हम समझें लगाव
जब न हो कुछ भी, तो धोका खायें क्या

۴- ہو لئے کیوں نامہ بر کے ساتھ ساتھ
یارب اپنے خط کو ہم پہنچائیں کیا

۵- موجِ خوں سر سے گزر ہی کیوں نہ جائے
آستانِ یار سے اٹھ جائیں کیا

۶- عمر بھر دیکھا کئے مرنے کی راہ
مر گئے پر دیکھئے، دکھلائیں کیا

۷- پوچھتے ہیں وہ کہ غالبؔ کون ہے
کوئی بتلاؤ کہ ہم بتلائیں کیا

4. hō liyē kyōṃ nāmābara kē sātha sātha
yā raba, apanē k͟hata kō hama pahuñcāyēṃ kyā

5. mauja-ē-k͟hūṃ, sara sē guzara hī kyōṃ na jāya
āstāna-ē-yāra sē uṭha jāyēṃ kyā

6. umra bhara dēkhā kiyē, maranē kī rāha
mara gayē para dēkhiyē, dikhalāyēṃ kyā

7. pūchatē haiṃ vaha, ki g͟hāliba kauna hai
kōī batalāō, ki hama batalāyēṃ kyā

4. Why with the courier string along, for delivering missive
To make our letter sure, O God we must insist

5. Come hell or high water, we are not high and dry
Resolutely we try, at beloved's door we persist

6. All our life we looked ahead to life after death
When dead, we wonder how at all we ever could exist

7. We look askance when asked who Ghalib is
Someone tell us what to tell to add to the mill's grist

४. हो लिये क्यों नामाबर के साथ साथ
या रब, अपने ख़त को हम पहुँचायें क्या

५. मौज-ए-ख़ूँ, सर से गुज़र ही क्यों न जाय
आस्तान-ए-यार से. उठ जायें क्या

६. उम्र भर देखा किये, मरने की तरह
मर गये पर देखिये, दिखलायें क्या

७. पूछते हैं वह, कि ग़ालिब कौन है
कोई बतलाओ, कि हम बतलायें क्या

❀❀❀

۱۔ کبھی نیکی بھی اس کے جی میں گر آ جائے ہے مجھ سے
جفائیں کرکے اپنی یاد شرما جائے ہے مجھ سے

۲۔ خدایا جذبۂ دل کی مگر تاثیر اُلٹی ہے
کہ جتنا کھینچتا ہوں اور کھنچتا جائے ہے مجھ سے

۳۔ وہ بد خو اور میری داستانِ عشق طولانی
عبارت مختصر، قاصد بھی گھبرا جائے ہے مجھ سے

۴۔ ادھر وہ بدگمانی ہے، ادھر یہ ناتوانی ہے
نہ پوچھا جائے ہے اس سے نہ بولا جائے ہے مجھ سے

1. kabhī nēkī bhī usakē jī mēṃ gara ā jāyē hai mujhasē
jafāēṃ kara kē apanī yāda śarmā jāyē hai mujhasē

2. khudāyā, jajbā-ē-dila kī magara tāsīra ulṭī hai
ki jitanā khēñcatā hūṃ aura khicatā jāyē hai mujhasē

3. vaha badakhū, aura mērī dāstāna-ē-iśqa tūlānī
ibārata mukhtasa, qāsida bhī ghabarā jāyē hai mujhasē

4. udhara vaha badagumānī hai, idhara yaha nātavānī hai
na pūchā jāyē hai usasē, na bōlā jāyē hai mujhasē

1. If at all at times beloved shows kindness for me
Past excesses come to mind and harshness for me

2. O God, my heart's desire has such opposite effect
It withdraws evermore, the more I harness for me

3. My beloved's temper is short, my tale of love is long
Brevity is causing message bearer nervousness for me

4. Here it is such feebleness, there it is such erroneousness
Beloved is all seriousness, such speechlessness for me

१. कभी नेकी भी उसके जी में गर आ जाये है मुझसे
जफ़ाएँ कर के अपनी याद शर्मा जाये है मुझसे

२. खुदाया, जज़्बा-ए-दिल की मगर तासीर उल्टी है
कि जितना खेंचता हूँ और खिचता जाये है मुझसे

३. वह बदख़ू, और मेरी दास्तान-ए-इश्क़ तूलानी
इबारत मुख़्तसर, क़ासिद भी घबरा जाये है मुझसे

४. उधर वह बदगुमानी है, इधर यह नातवानी है
न पूछा जाये है उससे, न बोला जाये है मुझसे

۵- سنبھلنے دے مجھے اے نا اُمیدی کیا قیامت ہے
کہ دامانِ خیالِ یار چھوٹا جائے ہے مجھ سے

۶- تکلّف برطرف نظّارگی میں بھی سہی لیکن
وہ دیکھا جائے، کب یہ ظلم دیکھا جائے ہے مجھ سے

۷- ہوئے ہیں پانو ہی پہلے نبردِ عشق میں زخمی
نہ بھاگا جائے ہے مجھ سے، نہ ٹھہرا جائے ہے مجھ سے

۸- قیامت ہے کہ ہووے مدّعی کا ہم سفر غالبؔ
وہ کافر جو خدا کو بھی نہ سونپا جائے ہے مجھ سے

5. sambhalanē dē mujhē, ē nāumīdī, kyā qayāmata hai
ki dāmāna-ē-khayāla-ē-yāra, chūṭā jāyē hai mujhasē

6. takallufa baratarafa najzāragī mēṃ bhī sahī, lēkina
vaha dēkhā jāyē, kaba yaha zulma dēkhā jāyē hai mujhasē

7. huē haiṃ pāṃva hī pahalē, nabarda-ē-iśqa mēṃ zakhmī
na bhāgā jāyē hai mujhasē, na ṭhaharā jāyē hai mujhasē

8. qayāmata hai ki hōvē mudda'aī kā hamasafara ghāliba
vaha kāfira jō khudā kō bhī na saumpā jāyē hai mujhasē

5. Let me collect my thoughts, though, in hopelessness entire
In respect of my beloved is such thoughtlessness for me

6. Formality all apart, in full view of my beloved
It is difficult for me to focus, such listlessness for me

7. Our feet are lacerated in our first skirmish of love
No feeling for fleeing is there, no steadiness for me

8. O Ghalib, it is disaster that the rival is a fellow traveller
With one I may not entrust to God, in fairness for me

५. सँभलने दे मुझे, ए नाउमीदी, क्या क़यामत है
कि दामान-ए-ख़याल-ए-यार, छूटा जाये है मुझसे

६. तकल्लुफ़ बरतरफ़ नज़्ज़ारगी में भी सही, लेकिन
वह देखा जाये, कब यह जुल्म देखा जाये है मुझसे

७. हुए हैं पाँव ही पहले, नबर्द-ए-श्क़ में ज़ख़्मी
न भागा जाये है मुझसे, न ठहरा जाये है मुझसे

८. क़यामत है कि होवे मुद्द'ई का हमसफ़र, ग़ालिब
वह काफ़िर जो ख़ुदा को भी न सौंपा जाये है मुझसे

***

۱- دیکھنا قسمت کہ آپ اپنے پہ رشک آ جائے ہے
میں اسے دیکھوں بھلا کب مجھ سے دیکھا جائے ہے

۲- ہاتھ دھو دل سے یہی گرمی گر اندیشے میں ہے
آبگینہ تندیِ صہبا سے پگھلا جائے ہے

۳- غیر کو یارب وہ کیونکر منعِ گستاخی کرے
گر حیا بھی اس کو آتی ہے تو شرما جائے ہے

۴- شوق کو یہ لت کہ ہر دم نالہ کھینچے جائیے
دل کی وہ حالت کہ دم لینے سے گھبرا جائے ہے

1. dēkhanā qismata, ki āpa apanē pē raśka ājāyē hai
   maiṃ usē dēkhūṃ, bhalā kaba mujhasē dēkhā jāyē hai

2. hātha dhō dila sē, yahī garmī gara andēśē mēṃ hai
   ābagīnā tundi-ē-sahabā sē pighalā jāyē hai

3. ghaira kō, yā raba, vaha kyōṅkara manā-ē-gustākhī karē
   gara hayā bhī usakō ātī hai, tō śarmā jāyē hai

4. śauqa kō yaha lata, ki haradama nālā khēñcē jāiyē
   dila kī vaha hālata, ki dama lēnē sē ghabarā jāyē hai

1. I am envious to see myself that I am in a lucky trend
However, I see it difficult to be able to see the friend

2. Your heart may well be molten by your intense spirit
Like wine glass with spirituous contents, it has to contend

3. How beloved can, O God, keep the rival at bay
With modicum of decency against rudeness to defend

4. Desire is insistent that with sighs I be persistent
Heart is inconsistent even to breathe and comprehend

१. देखना क़िस्मत, कि आप अपने पे रश्क आजाये है
मैं उसे देखूँ, भला कब मुझसे देखा जाये है

२. हाथ धो दिल से, यही गर्मी गर अन्देशे में है
आबगीना तुन्दि-ए-सहबा से पिघला जाये है

३. ग़ैर को, या रब, वह क्योंकर मना-ए-गुस्ताख़ी करे
गर हया भी उसको आती है, तो शर्मा जाये है

४. शैक़ को यह लत, कि हरदम नाला खेंचे जाइये
दिल की वह हालत, कि दम लेने से घबरा जाये है

۵- گرچہ ہے طرزِ تغافل پردہ دارِ رازِ عشق
پر ہم ایسے کھوئے جاتے ہیں کہ وہ پا جائے ہے

۶- دور چشمِ بد تری بزمِ طرب سے، واہ وا!
نغمہ ہو جاتا ہے واں گر نالہ میرا جائے ہے

۷- نقش کو اس کے مصوّر پر بھی کیا کیا ناز ہیں
کھینچتا ہے جس قدر اتنا ہی کھنچتا جائے ہے

۸- سایہ میرا مجھ سے مثلِ دود بھاگے ہے اسدؔ
پاس مجھ آتش بجاں کے کس سے ٹھہرا جائے ہے

5. garacē hai tarza-ē-tag͟hāfula, pardādāra-ē-rāza-ē-iśqa,
para hama aisē khōyē jātē haiṃ, ki vaha pā jāyē hai

6. dūra caśma-ē-bada, tirī bajma-ē-taraba sē, vāha, vāha
nagmā hō jātā hai, vāṃ gara nālā mērā jāyē hai

7. nakśa kō usakē, musavvira para bhī kyā nāza hai
khēñcatā hai jisa qadara, utanā hī khiñcatā jāyē hai

8. sāyā mērā mujhasē misla-ē-dūda bhāgē hai, asada
pāsa mujha ātaśa bajāṃ kē, kisasē ṭhaharā jāyē hai

5. The manner of our nonchalance is meant to hide our love
We get so lost, however, in pretense, that beloved can apprehend

6. Let your enclave of merriment by protected from evil eye
My wailing sound on reaching nigh, becomes melodious trend

7. The picture itself is so proud, that in the painting process
It withdraws from the painter himself, as he draws it to the end

8. Asad, my shadow like firesmoke, distances itself from me
Who can withstand my fiery temper and stand to befriend

५. गरचे है तर्ज़-ए-तग़ाफुल, पर्दादार-ए-राज़-ए-इश्क़,
पर हम ऐसे खोये जाते हैं, कि वह पा जाये है

६. दूर चश्म-ए-बद, तिरी बज़्म-ए-तरब से, वाह, वाह
नग़्मा हो जाता है, वाँ गर नाला मेरा जाये है

७. नक़्श को उसके, मुसव्विर पर भी क्या क्या नाज़ हैं
खेंचता है जिस क़दर, उतना ही खिंचता जाये है

८. साया मेरा मुझसे मिस्ल-ए-दूद भागे है, असद
पास मुझ आतश्र बजाँ के, किससे ठहरा जाये है

❀❀❀

۱- یک ذرّۂ زمیں نہیں بیکار باغ کا
یاں جادہ بھی فتیلہ ہے لالے کے داغ کا

۲- بے مے کِسے ہے طاقتِ آشوبِ آگہی
کھینچا ہے عجزِ حوصلہ نے خطِ ایاغ کا

۳- بُلبُل کے کاروبار پہ ہیں خندہ ہائے گل
کہتے ہیں جس کو عشق خلل ہے دماغ کا

1. yaka zarrā-ē-zamīṃ nahīṃ bēkāra, bāg̲ha kā
yāṃ jādā bhī fatīlā hai lālē kē dāg̲ha kā

2. bē mai kisē hai tāqata-ē-āśōba-ē-āgahī
khēñcā hai "ijza-ē-hausalā nē k̲hata ayāg̲ha kā

3. bulabula kē kāra-ō-bāra pa hai, k̲handāhā-ē-gula
kahatē haiṃ jisakō iśka, k̲halala hai dimāg̲ha kā

1. Not one particle in the garden is without significance
The garden path itself is a help for efflorescence

2. Who can cope with world's travail, with wine to no avail
The weak in heart flounder and fail, by a lack of exuberance

3. For nightingale's love antic, flowers laugh as critique
For what is called love mystique, is only a mind's disturbance

१. यक ज़र्रा-ए-ज़मी नहीं बेकार, बाग़ का
याँ जादा भी, फ़तीला है लाले के दाग़ का

२. बे मै किसे है ताक़त-ए-आशोब-ए-आगही
खेंचा है इज्ज़-ए-हौसला ने ख़त अयाग़ का

३. बुलबुल के कार-ओ-बार प है, ख़न्दाहा-ए-गुल
कहते हैं जिसको इश्क़, ख़लल है दिमाग़ का

۴- تازہ نہیں ہے نشۂ فکرِ سخن مجھے
تریاکئی قدیم ہوں دودِ چراغ کا

۵- بے خون دل ہے چشم میں موجِ نگہ بہار
یہ مے کدہ خراب ہے مے کے سراغ کا

۶- سو بار بندِ عشق سے آزاد ہم ہوئے
پر کیا کریں کہ دل ہی عدو ہے فراغ کا

۷- باغِ شگفتہ تیرا بساطِ نشاط دل
ابرِ بہار خمکدہ کس کے دماغ کا

4. tāza: nahīṃ hai naśśa-ē-fikra-ē-sukhana mujhē
tirayākaī-qadīma hūṃ dūda-ē-carāgha kā

5. sau bāra banda-ē-iśqa sē āzāda hama huē
para kyā karēṃ, ki dila hī adū hai farāgha kā

6. bāgha-ē-śiguphtā tērā, bisāta-ē-niśāta-ē-dila
abra-ē-bahāra, khumakadā kisakē dimāgha kā

4. Inept or novice I am not in adage and in poetry
An old adept I am in sophistry and nuance

5. Without the flow of blood are eyes dry as a desert
Without the flow of wine has no tavern effervescence

6. We had freed ourselves from fetters, innumerable times
What a pity, heart in tatters, is prone to acquiescence

7. Beloved's garden to be enjoyed, we keep our heart buoyed
With seasonal cloud, mind is decoyed into evanescence

४. ताज़ा नहीं है नश्शा-ए-फ़िक्र-ए-सुख़न मुझे
तिरयाकई-क़दीम हूँ दूद-ए चराग़ का

५. सौ बार बन्द-ए-इश्क़ से आज़ाद हम हुए
पर क्या करें, कि दिल ही अदू है फ़राग़ का

६. बाग़-ए-शगुफ़्ता तेरा, बिसात-ए-निशात-ए-दिल
अब्र-ए-बहार, ख़ुमकदा किसके दिमाग़ का

❀❀❀

۱- کیوں جل گیا نہ تابِ رُخِ یار دیکھ کر
جلتا ہوں اپنی طاقتِ دیدار دیکھ کر

۲- آتش پرست کہتے ہیں اہلِ جہاں مجھے
سرگرمِ نالہ ہائے شرر بار دیکھ کر

۳- آتا ہے میرے قتل کو، پر جوشِ رشک سے
مرتا ہوں اس کے ہاتھ میں تلوار دیکھ کر

۴- واحسرتا کہ یار نے کھینچا ستم سے ہاتھ
ہم کو حریصِ لذّتِ آزار دیکھ کر

1. kyōṃ jala gayā na tāba-ē-ru<u>kh</u>a-ē-yāra dēkha kara
jalatā hūṃ, apanī tāqata-ē-dīdāra dēkha kara

2. ātaśa parasta kahatē haiṃ ahala-ē-jahāṃ **mujhē**
saragarma-ē-nāla:hā-ē-śararabāra dēkha **kara**

3. ātā hai mērē qatla kō, para jōśa-ē-raśka sē
maratā hūṃ usakē hātha mēṃ talavāra dēkha kara

4. vā hasaratā ki yāra nē khēñcā sitama sē hātha
hama kō harīsa-ē-lajzata-ē-āzāra dēkha kara

1. Seeing beloved's face I am consumed by my survivability
Why I didn't perish, I am consumed by my durability

2. The world at large calls me a fire eating demon
Seeing me all along in my fits of volubility

3. Beloved comes for my comeuppance, with a sword in hand
I die with envy out of hand, to prove my vulnerability

4. What a pity, beloved has ceased the practice of malevolence
Seeing our ready benevolence, and utmost susceptibility

१. क्यों जल गया न ताब-ए-रुख़-ए-यार देख कर
जलता हूँ, अपनी ताक़त-ए-दीदार देख कर

२. आतश परस्त कहते हैं अहल-ए-जहाँ मुझे
सरगर्म-ए-नालाहा-ए-शररबार देख कर

३. आता है मेरे क़त्ल को, पर जोश-ए-रश्क से
मरता हूँ उसके हाथ में तलवार देख कर

४. वा हसरता कि यार ने खेंचा सितम से हाथ
हम को हरीस-ए-लज़्ज़त-ए-आज़ार देख कर

۵- بک جاتے ہیں ہم آپ متاعِ سخن کے ساتھ
لیکن عیارِ طبع خریدار دیکھ کر

۶- ان آبلوں سے پانو کے گھبرا گیا تھا میں
جی خوش ہوا ہے راہ کو پرخار دیکھ کر

۷- کیا آبروئے عشق، جہاں عام ہو جفا
رُکتا ہوں تم کو بے سبب آزار دیکھ کر

۸- گرنی تھی ہم پہ برقِ تجلّی، نہ طور پر
دیتے ہیں بادہ ظرفِ قدح خوار دیکھ کر

۹- سر پھوڑنا وہ غالبؔ شوریدہ حال کا
یاد آ گیا مجھے تری دیوار دیکھ کر

5. bika jātē haiṃ hama āpa, matā'-ē-sukhana kē sātha
lēkina ayāra-ē-tabā-ē-āzāra dēkha kara

6. ina ābalōṃ sē pāṃva kē, ghabarā gayā thā maiṃ
jī khuśa huā hai, rāha kō pura khāra dēkha kara

7. kyā ābarū-ē-iśka, jahāṃ āma hō jafā
rōtā hūṃ tuma kō bēsababa āzāra dēkha kara

8. giranī thī hama pē barqa-ē-tajallī, na tūra para
dētē hai bādā zarfa-ē-qadaha khvāra dēkha kara

9. sara phōḓanā vaha, ghāliba-ē-śōrīdā hāla kā
yāda ā gayā mujhē, tirī dīvāra dēkha kara

5. We have sold our heart and soul, along with our verse
For better or for worse, for the buyer's gullibility

6. I was worried for the blisters bristling in my feet
Good to see the thorny tract for the prickly possibility

7. For our love no respect, when lovers are held in disrespect
I hesitate to contemplate your incompatibility

8. Not the mount of Tur[25] but we, were worthy of lightning flash
Wine they portion, in proportion, to the recipient's propensity

9. Ghalib had smashed his skull in a distraught state of mind
The incident helps remind of your wall's impregnability

५. बिक जाते हैं हम आप, मता'-ए-सुख़न के साथ
लेकिन अयार-ए-तब-ए-आज़ार देख कर

६. इन आबलों से पाँव के, घबरा गया था मैं
जी खुश हुआ है, राह को पुर ख़ार देख कर

७. क्या आबरू-ए-इश्क, जहाँ आम हो जफ़ा
रोता हूँ तुम को बेसबब आज़ार देख कर

८. गिरनी थी हम पे बर्क़-ए-तजल्ली न तूर पर
देते है बादा ज़र्फ़-ए-क़दह ख़्वार देख कर

९. सर फोड़ना वह, ग़ालिब-ए-शोरीदा हाल का
याद आ गया मुझे, तिरी दीवार देख कर

***

۱۔ جُز قیس اور کوئی نہ آیا بروئے کار
صحرا مگر بہ تنگیٔ چشمِ حسود تھا

۲۔ آشفتگی نے نقشِ سویدا کیا درست
ظاہر ہوا کہ داغ کا سرمایہ دود تھا

۳۔ تھا خواب میں خیال کو تجھ سے معاملہ
جب آنکھ کھل گئی، نہ زیاں تھا نہ سود تھا

1. juja kaisa aura kōī na āyā, ba-rū-ē-kāra
sahrā magara ba-taṅgi-ē-caśma-ē-husūda thā

2. āśuphtagī nē nakśa-ē-suvaidā kiyā durusta
jāhira huā ki dāga kā saramāyaā dūda thā

3. thā khvāba mēṃ, khayāla kō tujhasē mu'āmalā
jaba āṃkha khula gaī, na jiyāṃ thā na sūda thā

1. None except Qais[25] could in the art of love excel
Desert wasn't roomy, however, for him to roam and dwell

2. Waywardness of mind affected restlessness of heart
Restlessness is curling smoke, mind only could quell

3. In my dreaming had my thoughts a lot to do with you
Eyes awake, between give and take, I could hardly tell

१. जुज़ क़ैस और कोई न आया, ब-रू-ए-कार
सह्रा मगर ब-तँगि-ए-चश्म-ए-हुसूद था

२. आशुफ़्तगी ने नक़्श-ए-सुवैदा किया दुरुस्त
ज़ाहिर हुआ कि दाग़ का सरमाया दूद था

३. था ख़्वाब में, ख़याल को तुझसे मु'आमलः
जब आँख खुल गई, न ज़ियाँ था न सूद था

۴۔ لیتا ہوں مکتبِ غمِ دل میں سبق ہنوز
لیکن یہی کہ رفت، گیا اور بود تھا

۵۔ ڈھانپا کفن نے داغِ عیوبِ برہنگی
میں ورنہ ہر لباس میں ننگِ وجود تھا

۶۔ تیشے بغیر مر نہ سکا کوہکن، اسدؔ
سرگشتۂ خمارِ رسوم و قیود تھا

4. lēntā hūṃ maktaba-ē-gama-ē-dila mēṃ sakaba hanōja
lēkina yahī ki raphta gayā, aura būda thā

5. ḍhāmpā kaphana nē dāga-ē-uyūba-ē-barahnagī
maiṃ varnā hara libāsa mēṃ naṅga-ē-vujūda thā

6. tēśē bigaira mana na sakā kōhakana, asada
saragaśtā-ē-khumāra-ē-rusūma-ō-kuyūda thā

4. In the school of melancholy love, I still have to learn
The basic facts of flight of fancy, as also its sequel

5. The shroud has helped enshroud the bare spots of sins
Though every raiment, ever transparent, was appalling apparel

6. O Asad, without the help of axe, Kohkan could not die
Not without the diet of norms, he was under their spell

४. लेता हूँ मक्तब-ए-ग़म-ए-दिल में सबक़ हनोज़
लेकिन यही कि रफ़्त गया, और बूद था

५. ढाँपा कफ़न ने दाग़-ए-उयूब-ए-बरहनगी
मैं वर्ना हर लिबास में नँग-ए-वुजूद था

६. तेशो बिग़ैर मर न सका कोहकन, असद
सर्गश्ता-ए-ख़ुमार-ए-रुसूम-ओ-क़ुयूद था

✻✻✻

۱- حضورِ شاہ میں اہلِ سخن کی آزمائش ہے
چمن میں خوشنوایانِ چمن کی آزمائش ہے

۲- قد و گیسو میں قیس و کوہکن کی آزمائش ہے
جہاں ہم ہیں وہاں دار و رسن کی آزمائش ہے

۳- کریں گے کوہکن کے حوصلے کا امتحاں آخر
ہنوز اس خستہ کے نیروئے تن کی آزمائش ہے

۴- نسیمِ مصر کو کیا پیرِ کنعاں کی ہوا خواہی
اسے یوسف کی بوئے پیرہن کی آزمائش ہے

1. huzūra-ē-śāha mēṃ ahala-ē-sukhana kī āzamāiśa hai
camana mēṃ khuśa navāyāna-ē-camana kī āzamāiśa hai

2. qada-ō-gēsū mēṃ, qaisa-ō-kōhakana kī āzamāhaśa hai
jahāṃ hama hai vahāṃ dāra-ō-rasana kī āzamāiśa hai

3. karēṅgē kōhakana kē hausalē kā imtihāṃ ākhira
hanōza usa khastā kē nīrū-ē-tana kī āzamāiśa hai

4. nasīma-ē-misra kō kyā pīra-ē-kana'āṃ kē havākhvāhī
usē yusūfa kī bū-ē-pairahana kī āzamāiśa hai

1. Before the king, many a literary person is on test
Many a troubadour in the garden is on test

2. As for form and stature, Qais[28] with Kohkan[28] is on test
As for us, the gallows with the cordon is on test

3. We'll test his mental process, certainly at the end
At the moment, with physical prowess, Kohkan is on test

4. Egyptian breeze is ill at ease with Kanaan's[29] wizened sage
Not to presage, the scent of garment of his son is on test

१. हुज़ूर-ए-शाह में अह्ल-ए-सुख़न की आज़माइश है
चमन में ख़ुश नवायान-ए-चमन की आज़माइश है

२. क़द-ओ-गेसू में, कैस-ओ-कोहकन की आज़माइश है
जहाँ हम है वहाँ दार-ओ-रसन की आज़माइश है

३. करेंगे कोहकन के हौसले का इम्तिहाँ आख़िर
हनोज़ उस ख़स्ता के नीरू-ए-तन की आज़माइश है

४. नसीम-ए-मिस्र को क्या पीर-ए-कन'आँ की हवाख़्वाही
उसे यूसुफ़ के बू-ए-पैरहन की आज़माइश है

۵- وہ آیا بزم میں دیکھو نہ کہیو پھر کہ غافل تھا
شکیب و صبرِ اہلِ انجمن کی آزمائش ہے

۶- رہے دل ہی میں تیر اچھا جگر کے پار ہو بہتر
غرض شستِ بتِ ناوک فگن کی آزمائش ہے

۷- نہیں کچھ سبحہ و زنّار کے پھندے میں گیرائی
وفاداری میں شیخ و برہمن کی آزمائش ہے

۸- پڑا رہ اے دلِ وابستہ بیتابی سے کیا حاصل
مگر پھر تابِ زُلفِ پُر شِکن کی آزمائش ہے

۹- وہ آئیں گے مرے گھر، وعدہ کیسا، دیکھ
نئے فتنوں میں اب چرخِ کہن کی آزمائش ہے

5. vaha āyā bajma mēṃ dēkhō na kahiyō phiraa ki g̠h̠āfila thē
śikēba-ō-sabra-ē-ahala-ē-aṃjumana kī āzamāiśa hai

6. rahē dila hī mēṃ tīra acchā, jigara kē pāra hō, bēhatara
g̠h̠araza śista-ē-buta-ē-nāvaka figana kī āzamāiśa hai

7. nahīṃ kucha sabah-ō-junnāra kē phandē mēṃ girāī
vafādārī mēṃ śaik̠h̠a-ō-barhamana kī āzamāiśa hai

8. paḍā raha ai dila-ē-vābastā bētābī sē kyā hāsila
magara phira tāba-julfa-ē-puraśikana kī āzamāiśa hai

9. vaha āvēṅgē mirē ghara, vā"dā kaisā, dēkhanā g̠h̠āliba
nayē fitanōṃ mēṃ aba cark̠h̠a-ē-kuhana kī āzamāiśa hai

5. The beloved has entered the ward, now be on your guard
To be or not to be, not to be outdone is on test

6. Good if arrow is lodged in heart, better if it is through
The aim of our beloved shooter with one is on test

7. There isn't much to choose between this and that faith
In faith, with good persistence, what is done is on test

8. Lie still, O captive heart, what gain you by your haste
Unless the tresses' taste for your pardon is on test

9. Beloved's pledge to visit my stead, your bets you hedge instead
In trickery new, O Ghalib, now old heaven is on test

५. वह आया बज़्म में देखो न कहियो फिर कि ग़ाफ़िल थे
शिकेब-ओ-सब्र-ए-अहल-ए-अंजुमन की आज़माइश है

६. रहे दिल ही में तीर अच्छा, जिगर के पार हो, बेहृतर
ग़रज़ शिस्त-ए-बुत-ए-नावक फ़िगन की आज़माइश है

७. नहीं कुछ सब्ह-ओ-जुन्नार के फन्दे में गीराई
वफ़ादारी में शैख़ -ओ-बर्हमन की आज़माइश है

८. पड़ा रह ऐ दिल-ए-वाबस्ताबेताबी से क्या हासिल
मगर फिर ताब-ज़ुल्फ़-ए-पुरशिकन की आज़माइश है

९. वह आवेंगे मिरे घर, वा'दा कैसा देखना ग़ालिब
नये फ़ितनों में अब चर्ख़-ए-कुहन की आज़माइश है

❋❋❋

۱- لرزتا ہے مرا دل زحمتِ مہرِ درخشاں پر
میں ہوں وہ قطرۂ شبنم کہ ہو خارِ بیاباں پر

۲- نہ چھوڑی حضرتِ یوسف نے یاں بھی خانہ آرائی
سفیدی دیدۂ یعقوب کی پھرتی ہے زنداں پر

۳- فنا تعلیمِ درسِ بیخودی ہوں اِس زمانے سے
کہ مجنوں لام الف لکھتا تھا دیوارِ دبستاں پر

۴- فراغت کس قدر رہتی مجھے تشویشِ مرہم سے
بہم گر صلح کرتے پارہ ہائے دل نمکداں پر

1. larazatā hai mirā dila zahamata-ē-mēhara-ē-darakhśāṃ para
mai hūṃ vaha katarā-ē-śabanama, ki hō k͟hāra-ē-bayābāṃ para

2. na chōḍī hazarata-ē-yūsufa nē yāṃ bhī khānā ārāī
safēdī dīdā-ē-yāqūba kī, phiratī hai jindāṃ para

3. fanā tā'līma-ē-darsa-ē-bēk͟hudī hūṃ, usa zamānē
ki majanūṃ lāma alifa likhatā thā dīvāra-ē-dabistāṃ para

4. farag͟hata kisa qadara rahatī mujhē, taśavīśa-ē-marahama sē
bahama gara sulaha karatē pārārāē-dila namakadāṃ para

1. I am a drop of dew which is perched on a desert thorn
My heart trembles for the troubles of sun in the morn

2. Yousaf[30] kept his sense of decor even as a prisoner
The whiteness of Yaqub's[30] eyes was witness of prison sojourn

3. I graduated long ago from the school of self denial
Majnoon then was scribbling NO, his love was not yet born

4. I could well have spared myself the worries of medicament
If constituents of heart's predicament were not so stubborn

१. लरज़ता है मिरा दिल ज़हमत-ए-मेहर-ए-दरख़्शाँ पर
मै हूँ वह कतरा ए-शबनम, कि हो ख़ार-ए-ब्याबाँ पर

२. न छोड़ी हज़रत-ए-यूसुफ़ ने याँ भी ख़ाना आराई
सफ़ेदी दीदा-ए-याकूब की, फिरती है ज़िन्दाँ पर

३. फ़ना ता'लीम-ए-दर्स-ए-बेख़ुदी हूँ, उस ज़माने से
कि मजनूँ लाम अलिफ़ लिखता था दीवार-ए-दबिस्ताँ पर

४. फ़रागत किस क़दर रहती मुझे, तशवीश-ए-मरहम से
बहम गर सुल्ह करते पाराहाए-दिल नमकदाँ पर

۵- نہیں اِقلیم الفت میں کوئی طومارِ ناز ایسا
کہ پشتِ چشم سے جس کے نہ ہووے مہر عنواں پر

۶- مجھے اب دیکھ کر ابرِ شفق آلودہ یاد آیا
کہ فرقت میں تری آتش برستی تھی گلستاں پر

۷- بجز پروازِ شوقِ ناز کیا باقی رہا ہو گا
قیامت اِک ہوائے تُند ہے خاکِ شہیداں پر

۸- نہ لڑ ناصح سے غالبؔ کیا ہوا گر اس نے شِدّت کی
ہمارا بھی تو آخر زور چلتا ہے گریباں پر

5. nahīṃ aklīma-ē-ulfata mēṃ, kōī tūmāra-ē-nāza aisā
ki puśta-ē-caśma sē jisakē na hōvē muhara unvāṃ para

6. mujhē aba dēkha kara abra-ē-śafafa ālūda:, yāda āyā
ki furkata mēṃ tirī, ātaśa barasatī thī gulistāṃ para

7. bajuza paravāza-ē-śauqa-ē-nāza, kyā bākī rahā hōgā
qayāmata ika havā-ē-tunda hai, k͟hāka-ē-śahīdāṃ para

8. na laḍa nāsēha ṣē, g͟hāliba kyā huā gara usanē śiddata kī
hamārā bhī tō āk͟hira, zōra calatā hai garībāṃ para

5. There is none in the realm of love whose heart is not sullen
Whose love has not been sullied, or not been held in scorn

6. I recall seeing the cloud now in the crimson twilight
That in the time of separation it rained a fire inborn

7. What possibly could survive, except the desire to revive
On the day of judgement, martyr's dust will rise reborn

8. O Ghalib, no ill feeling, if the preacher was unfeeling
We, at least, can vent our feeling, to have our garment torn

५. नहीं अक़्लीम-ए-उल्फ़त में, कोई तूमार-ए-नाज़ ऐसा
कि पुश्त-ए-चश्म से जिसके न होवे मुह्र उनवाँ पर

६. मुझे अब देख कर अब्र-ए-शफ़क़ आलूदा, याद आया
कि फुर्क़त में तिरी, आतश बरसती थी गुलिस्ताँ पर

७. बजुज़ परवाज़-ए-शौक़-ए-नाज़,क्या बाक़ी रहा होगा
क़यामत इक हवा-ए-तुँद है, ख़ाक-ए-शहीदाँ पर

८. न लड़ नासेह् से ग़ालिब, क्या हुआ गर उसने शिद्दत की
हमारा भी तो, आख़िर ज़ोर चलता है गरीबाँ पर

۱۔ محرم نہیں ہے تو ہی نواہائے راز کا
یاں ورنہ جو حجاب ہے، پردہ ہے ساز کا

۲۔ رنگِ شکستہ صبحِ بہارِ نظارہ ہے
یہ وقت ہے شگفتنِ گلہائے ناز کا

۳۔ تو اور سوئے غیر نظرہائے تیز تیز
میں اور دکھ تری مژہ ہائے دراز کا

1. maharama nahīṃ hai tū hī navā hāē-rāza kā
yāṃ varnā jō hijāba hai, pardā hai sāza kā

2. raṅga-ē-śikastā, subaha-ē-bahāra-ē-nazārā hai
yaha vakta hai śiguphtana-ē-gulahāē-nāza kā

3. tū aura sū ē-g̱haira nazara hā-ē tēza tēza
maiṃ aura dukha tirī miśā hāē-darāza kā

1. You are not in the knowledge of God's scheme of things
What is regarded as a curtain is a cover for musical strings

2. Spring's beauty in morning time plays tricks on mind
This is flowers' blossom time and the attraction that it brings

3. You are, for rival, showering looks and your rapt attentions
You are, for me, thus causing tensions, your longish eyelash stings

१. महरम नहीं है तू ही नवा-हाए-राज़ का
यॉं वर्ना जो हिजाब है, पर्दा है साज़ का

२. रँग-ए-शिकस्ता, सुब्ह-ए-बहार-ए-नज़ारा है
यह वक़्त है शिगुफ़्तन-ए-गुलहाए-नाज़ का

३. तू और सू ए-ग़ैर नज़र हा-ए तेज़ तेज़
मैं और दुख तिरी मिशा हाए-दराज़ का

۴۔ صرفہ ہے ضبطِ آہ میں میرا وگرنہ میں
طعمہ ہوں ایک ہی نفسِ جاں گداز کا

۵۔ کاوش کا دل کرے ہے تقاضا کہ ہے ہنوز
ناخن پہ قرض اُس گرہ نیم باز کا

۶۔ تاراج کاوشِ غمِ ہجراں ہوا، اسدؔ
سینہ کہ تھا دفینہ گہرہائے راز کا

4. sarpha: hai jabta-ē-āha mēṃ mērā, vagarnā maiṃ
tō'ma: hūṃ, ēka hī nafasa-ē-jāṃ-gudāza kā

5. **kāviśa** kā **dila karē** hai **taqāzā**, ki hai **hanōza**
nākhuna pē **qarja**, **isa** giraha-ē-nīmabāza **kā**

6. **tārāja-ē-kāviśa-ē-ghama-ē-hijarāṃ** huā, asada
sīnā, ki thā **dafīnā** guhara hāē-rāza kā

4. Advantage there is in restraining a sigh, though without endeavour

One searing sigh can just devour this morsel of tiny things

5. Heart demands assiduity on the part of fingernails
To pay a debt of audacity to this knotted piece of rings

6. The treasure chest of precious secrets, Asad, is devastated
A repository that was fated, as a victim of vicious slings

४. सर्फ़ा है ज़ब्त-ए-आह में मेरा, वगर्ना मैं
तो'मा हूँ, एक ही नफ़स-ए-जाँ-गुदाज़ का

५. काविश का दिल करे है तक़ाज़ा, कि है हनोज़
नाख़ुन पे क़र्ज़, इस गिरह-ए-नीमबाज़ का

६. ताराज-ए-काविश-ए-ग़म-ए-हिजराँ हुआ असद
सीना, कि था दफ़ीना गुहर हाए-राज़ का

❀❀❀

۱۔ تم جانو تم کو غیر سے جو رسم و راہ ہو
مجھ کو بھی پوچھتے رہو، تو کیا گناہ ہو

۲۔ بچتے نہیں مواخذۂ روزِ حشر سے
قاتل اگر رقیب ہے تو تم گواہ ہو

۳۔ کیا وہ بھی بے گنہ کش و حق نا شناس ہیں
مانا کہ تم بشر نہیں، خورشید و ماہ ہو

1. tuma jānō, tuma kō g͟haira sē jō rasma-ō-rāha hō
mujhakō bhī pūchatē rahō, tō kyā gunāha hō

2. bacatē nahīṃ muāk͟hazā-ē-rōzē-ē-haśra sē
qātila agara raqība hai, tō tuma gavāha hō

3. kyā vaha bhī bēgunaha kuśa-ō-haqa nā-śanāsa hai
mānā ki tuma baśara nahīṃ, k͟hurśīda-ō-māha hō

1. Upto you with the rival you keep your friendly contact
No harm if you also keep my friendliness intact

2. The rival will meet his denouement, on the day of judgement
You are witness, for the punishment, of his felonous act

3. Are they as much ruthless, and also as much mindless
To err is only human, are you sun and moon in fact

१. तुम जानो, तुम को ग़ैर से जो रस्म-ओ-राह हो
मुझको भी पूछते रहो, तो क्या गुनाह हो

२. बचते नहीं मुआख़ज़ाए-रोज़े-हश्र से
क़ातिल अगर रक़ीब है, तो तुम गवाह हो

३. क्या वह भी बेगुनह कुश-ओ-हक़ ना-शनास है
माना कि तुम बशर नहीं, ख़ुर्शीद-ओ-माह हो

۴۔ اُبھرا ہوا نقاب میں ہے ان کے ایک تار
مرتا ہوں میں کہ یہ نہ کسی کی نگاہ ہو

۵۔ جب میکدہ چھٹا تو پھر اب کیا جگہ کی قید
مسجد ہو، مدرسہ ہو، کوئی خانقاہ ہو

۶۔ سنتے ہیں جو بہشت کی تعریف، سب درست
لیکن خدا کرے وہ تری جلوہ گاہ ہو

۷۔ غالبؔ بھی گر نہ ہو تو کچھ ایسا ضرر نہیں
دنیا ہو یارب اور مرا بادشاہ ہو

4. ubharā huā niqāba mēṃ hai unakē ēka tāra
maratā hūṃ maiṃ, ki yaha na kisī kī nigāha hō

5. jaba maikadā chuṭā, tō phira aba kyā jagaha kī qaida
masjida hō, madarisā hō, kōī khānaqāha hō

6. sunatē haiṃ jō bihiśta kī tā'rīfa, saba durusta
lēkina khudā karē, vaha tirī jalvāgāha hō

7. ghāliba bhī gara na hō, tō kucha aisā zarara nahīṃ
duniyā hō, yā raba, aura mirā bādaśāha hō

4. A strand stands in beloved's veil as a shredded thread
I wish, in absolute dread, it isn't an eye to detect

5. Driven out of tavern, no preference now for haven
It may be a shrine or a mosque or a place of precept

6. We hear people eulogise, rightly in praise of paradise
We wish to God, there precise, beloved is a prefect

7. If Ghalib is not around, nothing to confound
I pray that King be safe and sound, God to protect

४. उभरा हुआ निक़ाब में है उनके एक तार
मरता हूँ मैं, कि यह न किसी की निगाह हो

५. जब मैकदा छुटा, तो फिर अब क्या जगह की क़ैद
मस्जिद हो, मद्रिसा हो, कोई ख़ानक़ाह हो

६. सुनते हैं जो बिहिश्त की ता'रीफ़, सब दुरूस्त
लेकिन ख़ुदा करे, वह तिरी जल्वागाह हो

७. ग़ालिब भी गर न हो, तो कुछ ऐसा ज़रर नहीं
दुनिया हो, या रब और मिरा बादशाह हो

✻✻✻

۱- گئی وہ بات کہ ہو گفتگو تو کیونکر ہو
کہے سے کچھ نہ ہوا، پھر کہو تو کیونکر ہو

۲- ادب ہے اور یہی کشمکش تو کیا کیجے
حیا ہے اور یہی گو مگو تو کیونکر ہو

۳- تمہیں کہو کہ گزارا صنم پرستوں کا
بتوں کی ہو اگر ایسی ہی خو تو کیونکر ہو

۴- اُلجھتے ہو تم اگر دیکھتے ہو آئینہ
جو تم سے شہر میں ہوں ایک دو تو کیونکر ہو

1. gaī vaha bāta ki hō guphtugū, tō kyōṅkara hō
kahē sē kucha na huā, phira kahō tō kyōṅkara hō

2. aadaba hai aura yahī kaśamakaśa, tō kyā kījē
hayā hai aura yahī gōmagō, tō kyōṅkara hō

3. tumhīṃ kahō, ki guzārā sanama parastōṃ kā
butōṃ kī hō agara aisī hī k͟hū, tō kyōṅkara hō

4. ulajhatē hō tuma, agara dēkhatē hī āīnā
jō tumasē śahara mēṃ hōṃ ēka dō, tō kyōṅkara hō

1. No longer do we hope to find ways to talk to friend
Talk did not help in the past, what future will portend

2. What if there is a conflict between respect and reticence
Beloved is caught in double sense, to withdraw or condescend

3. You say how you feel, how worshippers could deal
With idols of ordeal, that do not budge or bend

4. You do not brook whenever you look into looking glass
What like you, if one or two, on this habitat descend

१. गई वह बात कि हो गुफ़्तुगू, तो क्योंकर हो
कहे से कुछ न हुआ, फिर कहो, तो क्योंकर हो

२. अदब है और यही कशमकश, तो क्या कीजे
हया है और यही गोमगो, तो क्योंकर हो

३. तुम्हीं कहो, कि गुज़ारा सनम परस्तों का
बुतों की हो अगर ऐसी ही ख़ू, तो क्योंकर हो

४. उलझते हो तुम, अगर देखते हो आईना
जो तुमसे शह्‌र में हों एक दो, तो क्योंकर हो

٥- جسے نصیب ہو روزِ سیاہ میرا سا
وہ شخص دن نہ کہے رات کو تو کیونکر ہو

٦- ہمیں پھر اُن سے اُمید اور اُنہیں ہماری قدر
ہماری بات ہی پوچھیں نہ وہ تو کیونکر ہو

٧- غلط نہ تھا ہمیں خط پر گماں تسلّی کا
نہ مانے دیدۂ دیدار جو تو کیونکر ہو

٨- مجھے جنوں نہیں غالبؔ ولے بقولِ حضور
فراقِ یار میں تسکین ہو تو کیونکر ہو

5. jisē nasība hō rōza-ē-siyāha mērā sā
vaha śakhsa dina na kahē rāta kō, tō kyōṅkara hō

6. hamēṃ phira unasē umīda, aura unhēṃ hamārī kadra
hamārī bāta hī pūchēṃ na vō, tō kyōṅkara hō

7. g̱halata na thā hamēṃ k̲h̲ata para, gumāṃ tasallī kā
na mānē dīdā-ē-dīdāra jō, tō kyōṅkara hō

8. mujhē junūṃ nahīṃ, g̱hāliba, valē baqaula-ē-huzūra
phirāqa-ē-yāra mēṃ taskīna hō, tō kyōṅkara hō

5. Whoever is destined for darkness in the light of day
Between night and day, no hearsay, he cannot comprehend

6. Our hope we pin again, pine for beloved's respect to gain
Pity for the beloved to disdain for any word to send

7. Receiving beloved's brief, we were right in our relief
But eager eyes, in disbelief, rightly apprehend

8. O Ghalib, I am not bemused, as someone aptly mused
How can one be amused, if separated from one's friend

५. जिसे नसीब हो रोज़-ए-सियाह मेरा सा
वह शख़्स दिन न कहे रात को, तो क्योंकर हो

६. हमें फिर उनसे उमीद, और उन्हें हमारी क़द्र
हमारी बात ही पूछें न वो, तो क्योंकर हो

७. गलत न था हमें ख़त पर, गुमाँ तसल्ली का
न माने दीदा-ए-दीदार जो, तो क्योंकर हो

८. मुझे जुनूँ नहीं, ग़ालिब वले बक़ौल-ए-हुज़ूर
फ़िराक़-ए-यार में तस्कीन हो, तो क्योंकर हो

❁❁❁

۱۔ دل مرا سوزِ نہاں سے بے محابا جل گیا
آتشِ خاموش کے مانند گویا جل گیا

۲۔ دل میں ذوقِ وصل و یادِ یار تک باقی نہیں
آگ اِس گھر میں لگی ایسی کہ جو تھا جل گیا

۳۔ میں عدم سے بھی پرے ہوں، ورنہ غافل! بارہا
میری آہِ آتشیں سے بالِ عنقا جل گیا

1. dila mirā sōza-ē-nihāṃ sē, bēmahābā jala gayā
ātaśa-ē-k͟hāmōśa kī māninda gōyā jala gayā

2. dila mēṃ, zauqa-ē-vasla-ō-yāda-ē-yāra taka, bāqī nahīṃ
āga isa ghara mēṃ lagī aisī ki jō thā jala gayā

3. maiṃ adama sē bhī parē hūṃ, varnā g͟hāfila, bārahā
mērī āha-ē-ātaśī sē, bāla-ē-aṃqā jala gayā

1. My heart is burnt with latent heat without much ado
It is reduced to silent cinders, a burnt out volcano

2. Zest to meet or remember beloved is obliterated from heart
Such fire has raged in hearth, that everything is aglow

3. I am beyond the realm of subsistence, though with my persistence
Many a time with my incandescence, phoenix is in ashes so

१. दिल मिरा सोज़-ए-निहाँ से, बेमहाबा जल गया
आतश-ए-ख़ामोश की मानिन्द गोया जल गया

२. दिल में, ज़ौक़-ए-वस्ल-ओ-याद-ए-यार तक, बाक़ी नहीं
आग इस घर में लगी ऐसी कि जो था जल गया

३. मैं अदम से भी परे हूँ, वर्ना ग़ाफ़िल, बारहा
मेरी आह-ए-आतशीं से, बाल-ए-अंका जल गया

۴- عرض کیجے، جوہرِ اندیشہ کی گرمی کہاں
کچھ خیال آیا تھا وحشت کا کہ صحرا جل گیا

۵- دل نہیں، تجھ کو دکھاتا ورنہ داغوں کی بہار
اِس چراغاں کا کروں کیا، کار فرما جل گیا

۶- میں ہوں اور افسردگی کی آرزو غالبؔ! کہ دل
دیکھ کر طرزِ تپاکِ اہلِ دنیا جل گیا

4. arza kijē, jauhara-ē-andēśa: kī garmī kahāṃ
kucha k͟hayāla āyā thā vahaśata kā, ki saharā jala gayā

5. dila nahīṃ, tujhakō dikhātā varnā dāg͟hōṃ kī bahāra
isa carāg͟hāṃ kā karūṃ kyā, kārafaramā jala gayā

6. maiṃ hūṃ aura afasurdagī kī ārazū, g͟hāliba, ki dila
dēkha kara tarza-ē-tapāka-ē-ahala-ē-duniyā jala gayā

4 How to describe the incandescent heat of my thought
The desert was all aflame as for roaming I made a vow

5 If heart were still intact, I would show the chequered tract
No fireworks anyhow, the source is extinct by now

6. O Ghalib, here I am and my ambivalent heart
Sensing the world's malevolent part, it wishes to make a row

४. अर्ज़ कीजे, जौहर-ए-अन्देशा की गर्मी कहाँ
कुछ ख़याल आया था वहशत का, कि सहरा जल गया

५. दिल नहीं, तुझको दिखाता वर्ना दागों की बहार
इस चराग़ाँ का करूँ क्या, कारफ़रमा जल गया

६. मैं हूँ और अफ़सुर्दगी की आरज़ू ग़ालिब, कि दिल
देख कर तर्ज़-ए-तपाक-ए-अहल-ए-दुनिया जल गया

❁❁❁

۱- منظور تھی یہ شکل تجلّی کو نور کی
قسمت کھلی ترے قد و رُخ سے ظہور کی

۲- اِک خونچکاں کفن میں کروڑوں بناؤ ہیں
پڑتی ہے آنکھ تیرے شہیدوں پہ حور کی

۳- واعظ نہ تم پیو نہ کسی کو پلا سکو
کیا بات ہے تمہاری شرابِ طہور کی

۴- لڑتا ہے مجھ سے حشر میں قاتل کہ کیوں اٹھا
گویا ابھی سنی نہیں آواز صور کی

1. mañzūra thī yaha śakla, tajallī kō nūra kī
   qismata khulī tirē qada-ō-rukha sē juhūra kī

2. ika khūṃ-cakāṃ kafana mēṃ karōḍōṃ banāva haiṃ
   paḍatī hai āṃkha tērē śahīdōṃ pē, hūra kī

3. vā"iaza na tuma piyō, na kisī kō pilā sakō
   kyā bāta hai tumhārī śarāba-ē-tuhūra kī

4. laḍatā hai mujhasē haśra mēṃ qātila, ki kyōṃ uṭhā
   gōyā abhī sunī nahīṃ āvāza sūra kī

1. Divine light had wished to appear in heavenly disposition
Fortunately, it found in beloved a suitable proposition

2. The blood-stained coffin has a million facets to unfold
The houries gaze and behold your martyrs in position

3. O preacher, you do not savour, nor imbibe as a favour
How you wish for us to waver for heavenly composition

4. My executioner is cross with me for rising on doomsday
As if he hadn't heard across the trumpet for exhibition

१. मंजूर थी यह शक्ल, तजल्ली को नूर की
क़िस्मत खुली तिरे क़द-ओ-रुख़ से जुहूर की

२. इक ख़ूँ-चकाँ कफ़न में करोड़ों बनाव हैं
पड़ती है आँख, तेरे शहीदों पे, हूर की

३. वा'अिज़ न तुम पियो, न किसी को पिला सको
क्या बात है तुम्हारी शराब-ए-तुहूर की

४. लड़ता है मुझसे हश्र में क़ातिल, कि क्यों उठा
गोया अभी सुनी नहीं आवाज़ सूर की

۵- آمد بہار کی ہے جو بلبل ہے نغمہ سنج
اُڑتی سی اِک خبر ہے زبانی طیور کی

۶- کیا فرض ہے کہ سب کو ملے ایک سا جواب
آؤ نہ ہم بھی سیر کریں کوہِ طور کی

۷- گرمی سہی کلام میں لیکن نہ اِس قدر
کی جس سے بات اس نے شکایت ضرور کی

۸- غالبؔ گر اس سفر میں مجھے ساتھ لے چلیں
حج کا ثواب نذر کروں گا حضور کی

5. āmada bahāra kī hai, jō bulabula hai nagmā sañja
   ud̂atī sī ika k̲h̲abara hai, zabānī tuyūra kī

6. kyā farza hai ki saba kō milē ēka sā javāba
   āō na hama bhī saira karēṃ kōha-ē-tūra kī

7. garmī sahī kalāma mēṃ, lēkina na isa qadara
   kī jisasē bāta, usana śikāyata zurūra kī

8. g̲h̲āliba gara isa safara mēṃ mujhē sātha lē calēṃ
   haja kā savāba nazra karūṅgā huzūra kī

5. Now that nightingale is singing, spring is in the air
The news is abroad with a flair, through bird's deposition

6. Oh, to the mountain of Tur, why not pay a visit
That we have no perquisite, why this supposition

7. Lace your speech with harshness, but not without harness
Whoever we turned to address, complained of inquisition

8. O Ghalib, in case permitted the honour of King's company
I dedicate the pilgrimage for His Majesty's condition

५. आमद बहार की है, जो बुलबुल है नग़्मा सँज
उड़ती सी इक ख़बर है, ज़बानी तुयूर की

६. क्या फ़र्ज है कि सब को मिले एक सा जवाब
आओ न हम भी सैर करें कोह-ए-तूर की

७. गर्मी सही कलाम में, लेकिन न इस क़दर
की जिससे बात, उसने शिकायत जुरूर की

८. ग़ालिब गर इस सफ़र में मुझे साथ ले चलें
हज का सवाब नज़्र करूँगा हुज़ूर की

۱- نہ تھا کچھ تو خدا تھا‘ کچھ نہ ہوتا تو خدا ہوتا
ڈبویا مجھ کو ہونے نے‘ نہ ہوتا میں تو کیا ہوتا

۲- ہوا جب غم سے یوں بے حس‘ تو غم کیا سر کے کٹنے کا
نہ ہوتا گر جدا تن سے تو زانو پر دھرا ہوتا

۳- ہوئی مدّت کہ غالبؔ مر گیا‘ پر یاد آتا ہے
وہ ہر اِک بات پر کہنا کہ یوں ہوتا تو کیا ہوتا

1. na thā kucha tō khudā thā, kucha na hōtā, tō khudā hōtā
ḍubōyā mujhakō hōnē nē, na hōtā maiṃ tō kyā hōtā

2. huā jaba ghama sē yōṃ bēhisa tō ghama kyā sara kē kaṭanē kā
na hōtā gara judā tana sē tō zānū para dharā hōtā

3. huī muddata ki ghāliba mara gayā, para yāda ātā hai
vaha hara ika bāta para kahanā, ki yōṃ hōtā tō kyā hōtā

1. When nothing, it was Divinity; if nothing, it would be Divine
My entity was loss of infinity; nonentity would have been fine

2. When head with grief is insensate, its severence no reason to berate
If not truncated, it would be resting on the knees to pine

3. 'Tis long since Ghalib died, but we recall he used to chide
How at every step he decried each motive and design

१. न था कुछ तो ख़ुदा था, कुछ न होता, तो ख़ुदा होता
डुबोया मुझको होने ने, न होता मैं तो क्या होता

२. हुआ जब ग़म से यों बेहिस, तो ग़म क्या सर के कटने का
न होता गर जुदा तन से, तो ज़ानू पर धरा होता

३. हुई मुद्दत कि ग़ालिब मर गया, पर याद आता है
वह हर इक बात पर कहना, कि यों होता तो क्या होता

۱- یاد ہے شادی میں بھی ہنگامۂ یارب مجھے
سبحۂ زاہد ہوا ہے خندہ زیرِ لب مجھے

۲- ہے کشادِ خاطرِ وابستہ در رہنِ سخن
تھا طلسمِ قفلِ ابجد، خانۂ مکتب مجھے

۳- یارب! اِس آشفتگی کی داد کس سے چاہیے
رشک آسائش پہ ہے زندانیوں کی اب مجھے

۴- طبع ہے مشتاقِ لذّت ہائے حسرت کیا کروں
آرزو سے ہے شکستِ آرزو مطلب مجھے

۵- دل لگا کر آپ بھی غالبؔ مجھی سے ہو گئے
عشق سے آتے تھے مانع میرزا صاحب مجھے

1. yāda hai śādī mēṃ bhī haṅgāmā-ē-yāraba, mujhē
subahā-ē-zāhida huā hai khandā zēra-ē-laba mujhē

2. hai kuśāda-ē-khātira-ē-vābastā dara rahana-ē-sukhana
thā tilisma-ē-quphla-ē-abajada, khānā-ē-maktaba mujhē

3. yā raba, isa āśuphtagī kī dāda kisa sē cāhiyē
raśka āsāiśa pē hai zindāniyōṃ kī, aba mujhē

4. taba'a hai muśtāqa-ē-lajzata hāē-hasrata, kyā karūṃ
ārazū sē haiṃ śikasta-ē-ārazū matalaba mujhē

5. dila lagā kara āpa bhī ghāliba mujhī sē hō gayē
"iśqa sē ātē thē mān'a, mīrazā sāhaba mujhē

1. Even in the midst of merriment, I remember God's prayer
For holy man's worry beads, a smile I can spare

2. My restlessness has found fulfilment in prose and in verse
Alphabet's mystique diverse cast a spell for flair

3. O God, I do not need incentive for my wanderlust
I envy now, as a prisoner must, the lot of those I share

4. My nature in adversity looks for a challenge dire
How I yearn to end desire, such as I may dare

5. O Ghalib, you have become like me, fallen in love's snare
Fancy, against the risk of love, you cautioned me "beware"

१. याद है शादी में भी हँगामा-ए-या रब, मुझे
सुब्हा-ए-ज़ाहिद हुआ है, ख़न्दा ज़ेर-ए-लब मुझे

२. है कुशाद-ए-ख़ातिर-ए-वाबस्ता दर रह्न-ए-सुख़न
था तिलिस्म-ए-कुफ्ल-ए-अबजद, ख़ाना-ए-मक्तब मुझे

३. या रब, इस आशुफ़्तगी की दाद किस से चाहिये
रश्क आसाइश पे है ज़िन्दानियों की, अब मुझे

४. तब'अ है मुश्ताक़-ए-लज़्ज़त हाए-हस्रत, क्या करूँ
आरज़ू से हैं शिकस्त-ए-आरज़ू मतलब मुझे

५. दिल लगा कर आप भी ग़ालिब मुझी से हो गये
इश्क़ से आते थे मान'अ, मीरज़ा साहब मुझे

***

۱- آئینہ کیوں نہ دوں کہ تماشا کہیں جسے
ایسا کہاں سے لاؤں کہ تجھ سا کہیں جسے

۲- حسرت نے لا رکھا تری بزمِ خیال میں
گلدستۂ نگاہ سویدا کہیں جسے

۳- پھونکا ہے کس نے گوشِ محبّت میں اے خدا
افسونِ انتظار تمنّا کہیں جسے

1. āīnā kyōṃ na dūṃ, ki tamāśā kahēṃ jisē
aisā kahāṃ sē lāūṃ, ki tujha sā kahēṃ jisē

2. hasrata nē lā rakhā, tirī bajma-ē-khayāla mēṃ
guladastā-ē-nigāha, suvaidā kahēṃ jisē

3. phūṅkā hai kisanē gōśa-ē-mahabbata mēṃ, aya khudā
aphsūna-ē-intizāra, tamannā kahēṃ jisē

1. Why not present a mirror to make you feel sedate
It is impossible to present one as your alternate

2. Yearning has so brought me in your realm of thought
Zest for seeing beloved is for eyes to saturate

3. O God, the message of love who has whispered in ear
An urge for meeting now and here, mixed with magic

१. आईना क्यों न दूँ, कि तमाशा, कहें जिसे
ऐसा कहाँ से लाऊँ, कि तुझ सा कहें जिसे

२. हस्रत ने ला रखा, तिरी बज़्म-ए-ख़याल में
गुल्दस्ता-ए-निगाह, सुवैदा कहें जिसे

३. फूँका है किसने गोश-ए-महब्बत में, अय ख़ुदा
अफ़्सून-ए-इन्तिज़ार, तमन्ना कहें जिसे

۴- سر پر ہجومِ دردِ غریبی سے ڈالیے
وہ ایک مشتِ خاک کہ صحرا کہیں جسے

۵- ہے چشمِ تر میں حسرتِ دیدار سے نہاں
شوقِ عناں گسیختہ، دریا کہیں جسے

۶- درکار ہے شگفتنِ گلہائے عیش کو
صبحِ بہار، پنبۂ مینا کہیں جسے

۷- غالبؔ بُرا نہ مان جو واعظ بُرا کہے
ایسا بھی کوئی ہے کہ سب اچھّا کہیں جسے

4. sara para hujūma-ē-darda-ē-g͟harībī sē ḍāliyē
vaha ēka muṣta-ē-k͟hāka ki saharā kahēṃ jisē

5. hai caśma-ē-tara mēṃ hasrata-ē-dīdāra sē nihāṃ
śauqē ināṃ gusēkhtā, dariyā kahēṃ jisē

6. darakāra hai śiguphtana-ē-gulahā-ē-'iśa kō
subaha-ē-bahāra, pambā-ē-mīnā kahēṃ jisē

7. g͟hāliba burā na māna, jō vā'iaza burā kahē
aisā bhī kōī hai, ki saba acchā kahēṃ jisē

4. Sensing the gathering barrenness of heart, head and mind
A pinch of dust, convert you must, into a desert state

5. The desire for beloved's glimpse is dormant in tearful eyes
The yearning, as flood of tears, turned to a river in spate

6. Flowers of luxury, for themselves, need for full fruition
Dawn of spring, to turn them to a feast to stimulate

7. O Ghalib, don't be sour if preacher is so dour
Is there any power whom none will denigrate

४. सर पर हुजूम-ए-दर्द-ए-ग़रीबी से डालिये
वह एक मुश्त-ए-ख़ाक, कि सहरा कहें जिसे

५. है चश्म-ए-तर में हस्रत-ए-दीदार से निहाँ
शौक़े इनाँ गुसेख़्ता, दरिया कहें जिसे

६. दरकार है, शिगुफ़्तन-ए-गुलहा-ए-ऐश को
सुब्ह-ए-बहार, पँबा-ए-मीना कहें जिसे

७. ग़ालिब बुरा न मान, जो वा'अिज़ बुरा कहे
ऐसा भी कोई है, कि सब अच्छा कहें जिसे

***

۱- کہتے تو ہو تم سب کہ بتِ غالیہ مو آئے
اِک مرتبہ گھبرا کے کہو کوئی کہ وہ آئے

۲- ہوں کشمکشِ نزع میں ہاں جذبِ محبّت
کچھ کہ نہ سکوں پر وہ مرے پوچھنے کو آئے

۳- ہے صاعقہ و شعلہ و سیماب کا عالم
آنا ہی سمجھ میں مری آتا نہیں گو آئے

۴- ظاہر ہے کہ گھبرا کے نہ بھاگیں گے نکیرین
ہاں منہ سے مگر بادۂ دوشینہ کی بو آئے

1. kahatē tō hō tuma saba, ki buta-ē-g͟hāliyā mū āyē
ika martabā ghabarā kē kahō kōī ki, vaha āyē

2. hūṃ kaśamakaśa-ē-naza'a mēṃ, hāṃ jajba-ē-muhabbata
kucha kaha na sakūṃ, para vaha mirē pūchanē kō āyē

3. hai sāa'iaqā-ō-śō'lā-ō-sīmāba kā ālama
ānā hī samajha mēṃ mirī ātā nahīṃ, gō āyē

4. zāhira hai, ki ghabarā kē na bhagēṅgē nakīraina
hāṃ, muṃha sē magara bādā-ē-dōśīnā kī bū āyē

1. How you wish and explain that beloved may soon call
How I wish you to exclaim that beloved is in the hall

2. I may be near my end, yet beloved may condescend
With word of mouth to send, though no word I utter at all

3. It may be a lightning flash, a flame or mercurial form
The beloved may come in any norm, no apprehension at all

4. Unless I am stinking with wine of the previous night
No other ploy will ever scare the twin angels[33] at all

१. कहते तो हो तुम सब, कि बुत-ए-ग़ालिया मू आये
इक मर्तबा घबरा के कहो कोई कि, वह आये

२. हूँ कशमकश-ए-नज़्'अ में, हाँ जज़्ब-ए-मुहब्बत
कुछ कह न सकूँ, पर वह मिरे पूछने को आये

३. है सा'अिक़ा-ओ-शो'ला-ओ-सीमाब का आलम
आना ही समझ में मिरी आता नहीं, गो आये

४. ज़ाहिर है, कि घबरा के न भागेंगे नकीरैन
हाँ, मुँह से मगर बादा-ए-दोशीना की बू आये

۵- جلّاد سے ڈرتے ہیں نہ واعظ سے جھگڑتے
ہم سمجھے ہوئے ہیں اسے جس بھیس میں جو آئے

۶- ہاں اہلِ طلب کون سنے طعنۂ نایافت
دیکھا کہ وہ ملتا نہیں اپنے ہی کو کھو آئے

۷- کی ہم نفسوں نے اثرِ گریہ میں تقریر
اچھّے رہے آپ اس سے مگر مجھ کو ڈبو آئے

۸- اس انجمنِ ناز کی کیا بات ہے غالبؔ
ہم بھی گئے واں اور تری تقدیر کو رو آئے

5. jallāda sē ḍaratē haiṃ, na vā'iaza sē jhagaḓatē
hama samajhē huē haiṃ usē, jisa bhēsa mēṃ jō āyē

6. hāṃ ahala-ē-talaba, kauna sunē tā'nā-ē-nāyāphta
dēkhā ki vaha milatā nahīṃ, apanē hī kō khō āyē

7. kī hamanafasōṃ nē asara-ē-giriyā mēṃ taqarīra
acchē rahē āpa usa sē, magara mujhakō ḍubō āyē

8. usa aṃjumana-ē-nāja kī kyā bāta hai gẖāliba
hama bhī gayē vāṃ, aura tirī taqadīra kō rā āyē

5. No overrating the executioner, no berating the preacher
No underrating any creature, we understand them all

6. Yes, all you go getters, we cannot bear your jibes
When beloved was beyond our reach, our mind was beyond recall

7. My well wishers were rather clumsy conveying my lamentation
They ruined my presentation, though with beloved were in thrall

8. Not plausible our plaudits, for the beloved's parlour, O Ghalib
We went there as well, but returned with a heavy gall

५. जल्लाद से डरते हैं, न वा'अिज़ से झगड़ते
हम समझे हुए हैं उसे, जिस भेस में जो आये

६. हाँ अहल-ए-तलब, कौन सुने ता'ना-ए-नायाफ़्त
देखा कि वह मिलता नहीं, अपने ही को खो आये

७. की हमनफ़सों ने असर-ए-गिरिया में तक़रीर
अच्छे रहे आप उस से, मगर मुझको डुबो आये

८. उस अंजुमन-ए-नाज़ की क्या बात है, ग़ालिब
हम भी गये वाँ, और तिरी तक़दीर को रो आये

***

۱- غم کھانے میں بودا دلِ ناکام بہت ہے
یہ رنج کہ کم ہے مئے گُلفام بہت ہے

۲- کہتے ہوئے ساقی سے حیا آتی ہے ورنہ
ہے یوں کہ مجھے دُردِ تہِ جام بہت ہے

۳- نے تیر کماں میں ہے نہ صیّاد کمیں میں
گوشے میں قفس کے مجھے آرام بہت ہے

۴- کیا زہد کو مانوں کہ نہ ہو گرچہ ریائی
پاداش عمل کی طمعِ خام بہت ہے

1. gẖama khānē mēṃ bōdā, dila-ē-nākāma bahuta hai
yaha rañja ki kama hai, mai-ē-gulfāma bahuta hai

2. kahatē huēṃ sāqī sē hayā ātī hai, varnā
hai yōṃ, ki mujhē durda-ē-taha-ē-jāma bahuta hai

3. nē tīra kamāṃ mēṃ hai, na sayyāda kamīṃ mēṃ
gōśē mēṃ qafasa kē, mujhē ārāma bahuta hai

4. kyā zahada kō mānūṃ, ki na hō garacē riyāī
pādāśa-ē-amala kī tama-ē-kẖāma bahuta hai

1. Suffering spasms of sorrow, heart is feeling defeated
It is feeling ill at ease that the winestock is depleted

2. To Saqi[37] 'tis hard to explain, that I don't disdain
Contented I remain, with remnants of wine to be treated

3. The arrow is not in bow, the hunter is not in tow
I feel well at ease in a corner of the cage seated

4. Not to venerate piety, if for generosity in society
We are greedy for propriety, and the incentive to be feted

१. ग़म खाने में बोदा, दिल-ए-नाकाम बहुत है
यह रँज कि कम है, मै-ए-गुल्फ़ाम बहुत है

२. कहते हुए साक़ी से हया आती है, वर्ना
है यों, कि मुझे दुर्द-ए-तह-ए-जाम बहुत है

३. ने तीर कमाँ में है, न सय्याद कमीं में
गोशे में क़फ़स के, मुझे आराम बहुत है

४. क्या ज़हद को मानूँ, कि न हो गरचे रियाई
पादाश-ए-अमल की तम'-ए-ख़ाम बहुत है

۵۔ ہیں اہلِ خرد کس روشِ خاص پہ نازاں
پابستگیٔ رسم و رہِ عام بہت ہے

۶۔ ہے قہر گر اب بھی نہ بنے بات کہ ان کو
انکار نہیں اور مجھے ابرام بہت ہے

۷۔ خوں ہو کے جگر آنکھ سے ٹپکا نہیں اے مرگ
رہنے دے مجھے یاں کہ ابھی کام بہت ہے

۸۔ ہوگا کوئی ایسا بھی کہ غالبؔ کو نہ جانے
شاعر تو وہ اچّھا ہے پہ بدنام بہت ہے

5. haiṃ ahala-ē-<u>kh</u>irada kisa raviśa-ē-<u>kh</u>āsa pa nāzāṃ
   pā bastagi-ē-rasma-ō-rahē-'āma bahuta hai

6. hai qēhara gara aba bhī na banē bāta, ki unakō
   iṃkāra nahīṃ aura mujhē ibrāma bahuta hai

7. <u>kh</u>ūṃ hōkē jigara āṃkha sē ṭapakā nahīṃ, ai marga
   rahanē dē mujhē yāṃ, ki abhī kāma bahuta hai

8. hōgā kōī aisā bhī, ki <u>gh</u>āliba kō na jānē
   śā'yara tō vaha acchā hai, pa' badanāma bahuta hai

5. How are the intellectual elite so proud and discrete
They are rooted to old mystique, and tradition is repeated

6. It would be an enormity, that in spite of beloved's contormity
And in spite of my serendipity, the project is defeated

7. My heart though is blooded, the eyes are not yet flooded
O death, allow remission, the mission is not completed

8. Would there be one in town, unaware of Ghalib's renown
Though wearing the poetry's crown, his name is not well
greeted

५. हैं अहल-ए-ख़िरद किस रविश-ए-ख़ास प नाज़ाँ
पा बस्तगि-ए-रस्म-ओ-रहे-'आम बहुत है

६. है क़ेह्र गर अब भी न बने बात, कि उनको
इंकार नहीं और मुझे इब्राम बहुत है

७. ख़ूँ होके जिगर आँख से टपका नहीं, ऐ मर्ग
रहने दे मुझे याँ, कि अभी काम बहुत है

८. होगा कोई ऐसा भी, कि ग़ालिब को न जाने
शा'यर तो वह अच्छा है, प' बदनाम बहुत है

***

۱- دھمکی میں مر گیا جو نہ بابِ نبرد تھا
عشقِ نبرد پیشہ طلبگارِ مرد تھا

۲- تھا زندگی میں مرگ کا کھٹکا لگا ہوا
اُڑنے سے پیشتر بھی مرا رنگ زرد تھا

۳- تالیف نسخہ ہائے وفا کر رہا تھا میں
مجموعۂ خیال ابھی فرد فرد تھا

1. dhamakī mēṃ mara gayā, jō na bāba-ē-nabarda thā
iśqa-ē-nabarda pēśaā, talabagāra-ē-marda thā

2. thā zindagī mēṃ marga kā khaṭakā lagā huā
uḓanē sē pēśtara bhī mirā raṅga zarda thā

3. tālīfa-ē-nuskhā hāē-vafā kara rahā thā maiṃ
mahamū'ā-ē-khayāla abhī farda farda thā

1. The weak in the field of love succumb to early defeat
The valiant profession of love is in search of manly feat

2. In life itself was there, a lurking fear of death
We, before the final act, allowed the death to cheat

3. I was collecting my recollections of fealty, one by one
Bit by bit my compilation was still not complete

१. धमकी में मर गया, जो न बाब-ए-नबर्द था
इश्क़-ए-नबर्द पेशा, तलबगार-ए-मर्द था

२. था ज़िन्दगी में मर्ग का खटका लगा हुआ
उड़ने से पेश्तर भी मिरा रंग ज़र्द था

३. तालीफ़-ए-नुस्ख़ हाए-वफ़ा कर रहा था मैं
मजमू'आ-ए-ख़याल अभी फ़र्द फ़र्द था

۴- دل تا جگر کہ ساحلِ دریائے خوں ہے اب
اِس رہگزر میں جلوۂ گل آگے گرد تھا

۵- جاتی ہے کوئی کشمکشِ اندوہِ عشق کی
دل بھی اگر گیا تو وہی دل کا درد تھا

۶- احباب چارہ سازیٔ وحشت نہ کر سکے
زنداں میں بھی خیال بیاباں نورد تھا

۷- یہ لاش بے کفن اسدِ خستہ جاں کی ہے
حق مغفرت کرے عجب آزاد مرد تھا

4. dila tā jigara ki sāhila-ē-dariyā-ē-<u>kh</u>ūṃ hai aba
   isa rahaguzara mēṃ jalavā-ē-gula āgē garda thā

5. jātī hai kōī kaśamakaśa andōha-ē-"iśqa kī
   dila bhī agara gayā, tō vahī dila kā darda thā

6. ahabāba cārā-sāzi-ē-vahaśata na kara sakē
   zindāṃ mēṃ bhī <u>kh</u>ayāla, bayābāṃ navarda thā

7. yaha lāśa-ē-bēkafana, asada-ē-<u>kh</u>astā jāṃ kī hai
   haqa magfirata karē, ajaba āzāda marda thā

4. Heart and soul now are like the coast of a raging torrent
Previously at peace they were, in a heavenly retreat

5. How can lingering pain of love ever really depart
Pain is at the seat of heart, when heart is bereft of seat

6. The well wishers never could cure, for wanderlust our lure
Our free and roving spirit even prison could not beat

7. This corpse lying shroudless is that of Asad hapless
May his soul rest in peace, he was good to meet

४. दिल ता जिगर कि साहिल-ए-दरिया-ए-ख़ूँ है अब
इस रहगुज़र में जलवा-ए-गुल आगे गर्द था

५. जाती है कोई कशमकश अन्दोह-ए-इश्क़ की
दिल भी अगर गया, तो वही दिल का दर्द था

६. अहबाब चारा-साज़ि-ए-वहशत न कर सके
ज़िन्दाँ में भी ख़याल, बयाबाँ नवर्द था

७. यह लाश-ए-बेकफ़न, असद-ए-ख़स्ता जाँ की है
हक़ मग़्फ़िरत करे, अजब आज़ाद मर्द था

❊❊❊

۱۔ ستائش گر ہے زاہد اِس قدر جس باغِ رضواں کا
وہ اِک گلدستہ ہے ہم بیخودوں کے طاقِ نسیاں کا

۲۔ دکھاؤں گا تماشا دی اگر فرصت زمانے نے
مِرا ہر داغِ دل اِک تخم ہے سروِ چراغاں کا

۳۔ کیا آئینہ خانے کا وہ نقشہ تیرے جلوے نے
کرے جو پرتوِ خورشید، عالم شبنمستاں کا

۴۔ مِری تعمیر میں مضمر ہے اِک صورت خرابی کی
ہیولیٰ برقِ خرمن کا ہے خونِ گرم دہقاں کا

1. satāiśagara hai zāhida isa qadara, jisa bāg͟ha-ē-rijvāṃ kā
vaha ika guladastā hai hama bēk͟hudōṃ kē tāqa-ē-nisiyāṃ kā

2. dikhāūṃgā tamāśā, dī agara fursata zamānē nē
mirā hara dāg͟ha-ē-dila, ika tukhma hai sarva-ē-carāg͟hāṃ kā

3. kiyā āīnā-khānē kā vaha nakśā tērē jalvē nē
karē jō paratava-ē-k͟hurśīda, ālama śabanamistāṃ kā

4. mirī tā'mīra mēṃ mujmara hai ika sūrata k͟harābī kī
hayūlā barqa-ē-k͟haramana kā, hai k͟hūna-ē-garma dēhakāṃ kā

1. The preacher is full of praise for the garden of paradise
We lovers of earth regard it as a flower bunch in size

2. For the world I shall show, if I survive rigours of life
That every spot of heart is a sun, miniature in disguise

3. Your appearance for the hall of mirrors has the same experience
Just as searing the sun is for the dew that it dries

4. In my endeavours for construction are hidden seeds for destruction
Heat of peasant's blood becomes lightning for harvest demise

१. सताइशगर है ज़ाहिद इस क़दर, जिस बाग़-ए-रिज़्वाँ का
वह इक गुलदस्ता है हम बेख़ुदों के ताक़-ए-निसियाँ का

२. दिखाऊँगा तमाशा, दी अगर फ़ुर्सत ज़माने ने
मिरा हर दाग़-ए-दिल, इक तुख़्म है सर्व-ए-चराग़ाँ का

३. किया आईना-ख़ाने का वह नक़्शा तेरे जल्वे ने
करे जो परतव-ए-ख़ुर्शीद, आलम शबनमिस्ताँ का

४. मिरी ता'मीर में मुज़्मर है इक सूरत ख़राबी की
हयूला बर्क़-ए-ख़रमन का, है ख़ून-ए-गर्म देहक़ाँ का

۵- خموشی میں نہاں خوں گشتہ لاکھوں آرزوئیں ہیں
چراغِ مُردہ ہوں میں بے زباں گورِ غریباں کا

۶- ہنوز اِک پرتوِ نقشِ خیالِ یار باقی ہے
دلِ افسردہ گویا حُجرہ ہے یوسف کے زنداں کا

۷- نہیں معلوم کس کس کا لہو پانی ہوا ہو گا
قیامت ہے سرشک آلودہ ہونا تیری مژگاں کا

۸- نظر میں ہے ہماری جادۂ راہِ فنا' غالب
کہ یہ شیرازہ ہے عالم کے اجزائے پریشاں کا

5. k͟hamōśī mēṃ nihāṃ, k͟hūṅgaśtā lākhōṃ ārazūyēṃ haiṃ
caragh͟a-ē-murdā hūṃ maiṃ bēzabāṃ, gōra-ē-gh͟arībāṃ kā

6. hanōza ika paratava-ē-nakśa-ē-k͟hayāla-ē-yāra bākī hai
dila-ē-aphsurdā gōyā, hujarā hai yusūfa kē zindāṃ kā

7. nahīṃ mālūma kisa kisakā lahū pānī huā hōgā
qayāmata hai, saraśka ālūdā hōnā tērī miśagāṃ kā

8. nazara mēṃ hai hamārī jādā-ē-rāha-ē-fanā gh͟āliba
ki yaha śīrāzā hai ālama kē ajzā-ē-parīśāṃ kā

5. Lying hidden in silence are million ruined desires
I am an extinguished graveside lamp, under the leaden skies

6. I cherish even now , unblemished, beloved's dormant memories
My unembellished heart, as if, is Yusuf's[35] cell precise

7. Who knows but what countless hearts are broken all the way
It is one hell for us to see the tears in your eyes

8. We regard the way, O Ghalib, leading to a mortal end
As a way for binding disparate parts into a single guise

५. खमोशी में निहाँ, ख़ूँगश्ता लाखों आरज़ूयें हैं
चराग़-ए-मुर्दा हूँ मैं बेज़बाँ, गोर-ए-ग़रीबाँ का

६. हनोज़, इक परतव-ए-नक़्श-ए-ख़याल-ए-यार बाक़ी है
दिल-ए अफ़्सुर्दा, गोया, हुजरा है यूसुफ़ के ज़िन्दाँ का

७. नहीं मा'लूम किस किसका लहू पानी हुआ होगा
क़यामत है, सरश्क आलूदा होना तेरी मिशग़ाँ का

८. नज़र में है हमारी जादा-ए-राह-ए-फ़ना ग़ालिब
कि यह शीराज़ा है आलम के अज्ज़ा-ए-परीशाँ का

❋❋❋

۱- کل کے لئے کر آج نہ خسّت شراب میں
یہ سوئے ظن ہے ساقیِ کوثر کے باب میں

۲- ہیں آج کیوں ذلیل، کہ کل تک نہ تھی پسند
گستاخیٔ فرشتہ ہماری جناب میں

۳- رو میں ہے رخشِ عمر، کہاں دیکھئے تھمے
نے ہاتھ باگ پر ہے نہ پا ہے رکاب میں

۴- اتنا ہی مجھ کو اپنی حقیقت سے بُعد ہے
جتنا کہ وہمِ غیر سے ہوں پیچ و تاب میں

1. kala kē liyē kara āja na khissata śarāba mēṃ
yaha sū-ē-zana hai sāqi-ē-kausara kē bāba mēṃ

2. hai āja kyōṃ zalīla, ki kala taka na thī pasanda
tustākhi-ē-fariśtā hamārī janāba mēṃ

3. rau mēṃ hai rakhśa-ē-umra, kahāṃ dēkhiyē thamē
nē hātha bāga para hai, na pā hai rikāba mēṃ

4. utanā hī mujhakō apanī haqīqata sē bōda hai
jitanā ki vahma-ē-ghaira sē hūṃ pēca-ō-tāba mēṃ

1. Do not keep the wine to day, as tomorrow's promised prize
That we'll be recompensed, suitably in paradise

2. Angel's[36] disrespect for us was not respected then
Why today, O God, are we subjected to despise

3. Steed of life is in full speed, nothing will impede
No hands on rein, feet in vain, we hasten our demise

4. Far be it for me, to be, to fathom my real self
If other than God, anything, I continue to surmise

१. कल के लिये कर आज न ख़िस्सत शराब में
यह सू-ए-ज़न है साक़ि-ए-कौसर के बाब में

२. है आज क्यों ज़लील, कि कल तक न थी पसन्द
गुस्ताख़ि-ए-फ़रिश्ता हमारी जनाब में

३. रौ में है रख़्श-ए-उम्र, कहाँ देखिये थमे
ने हाथ बाग पर है, न पा है रिकाब में

४. उतना ही मुझको अपनी हक़ीक़त से बो'द है
जितना कि वह्म-ए-ग़ैर से हूँ पेच-ओ-ताब में

۵- اصلِ شہود و شاہد و مشہود ایک ہے
حیراں ہوں پھر مشاہدہ ہے کس حساب میں

۶- ہے غیب غیب جس کو سمجھتے ہیں ہم شہود
ہیں خواب میں ہنوز جو جاگے ہیں خواب میں

۷- آرائشِ جمال سے فارغ نہیں ہنوز
پیشِ نظر ہے آئنہ دائم نقاب میں

۸- ہے مشتمل نمودِ صور پر وجودِ بحر
یاں کیا دھرا ہے قطرہ و موج و حباب میں

۹- شرم اِک ادائے ناز ہے اپنے ہی سے سہی
ہیں کتنے بے حجاب کہ ہیں یوں حجاب میں

5. asla-ē-śuhūda-ō-śāhida-ō-maśahūda ēka hai
hairāṃ hūṃ phira muśāhidā hai kisa hisāba mēṃ

6. hai g͟haiba-g͟haiba jisakō samajhatē haiṃ hama śuhūda
hai khvāba mēṃ hanōza, tō jāgē haiṃ khvāba mēṃ

7. āraiśa-ē-jamāla sē fārig͟ha nahīṃ hanōza
pēśa-ē-nazara hai āinā dāima niqāba mēṃ

8. hai muśtamila numūda-ē-suvara para vujūda-ē-bahara
yāṃ kyā dharā hai qatarā-ō-mauja-ō-habāba mēṃ

9. śarma ika adā-ē-nāza hai, apanē hī sē sahī
haiṃ kitanē bē hijāba, ki haiṃ yōṃ hijāba mēṃ

5. The basis of seeing, sight and seen is in reality one
How then none, but vision to stun, I may categorise

6. What we regard as visible is God's mystery deep
We watch as if in sleep, as we dream with open eyes

7. God has not divested yet from embellishment of universe
His work of creation is diverse, in front a curtain lies

8. The ocean is dependent for its entity on its constituents
Drops, bubbles and waves are, though, nonentity in size

9. So open to observation, yet so immune from observation
Avoidance of our gaze becomes beloved's favourite device

५. अस्ल-ए-शुहूद-ओ-शाहिद-ओ-मशहूद एक है
हैराँ हूँ फिर मुशाहिदा है किस हिसाब में

६. है ग़ैब-ग़ैब जिसको समझते हैं हम शुहूद
है ख़्वाब में हनोज़, तो जागे हैं ख़्वाब में

७. आराइश-ए-जमाल से फ़ारिग़ नहीं हनोज़
पेश-ए-नज़र है आइना दाइम निक़ाब में

८. है मुश्तमिल नुमूद-ए-सुवर पर वुजूद-ए-बह्र
याँ क्या धरा है क़तरा-ओ-मौज-ओ-हबाब में

९. शर्म इक अदा-ए-नाज़ है, अपने ही से सही
है कितने बे हिजाब, कि है यों हिजाब में

***

۱۔ ملتی ہے خوئے یار سے نارِ التہاب میں
کافر ہوں گر نہ ملتی ہو راحت عذاب میں

۲۔ کب سے ہوں کیا بتاؤں جہانِ خراب میں
شب ہائے ہجر کو بھی رکھوں گر حساب میں

۳۔ تا پھر نہ انتظار میں نیند آئے عمر بھر
آنے کا عہد کر گئے آئے جو خواب میں

۴۔ قاصد کے آتے آتے خط اِک اور لکھ رکھوں
میں جانتا ہوں جو وہ لکھیں گے جواب میں

1. milatī hai khū-ē-yāra sē nāra, ailtihāba mēṃ
kāfira hūṃ gara na milatī hō rāhata azāba mēṃ

2. kaba sē hūṃ, kyā batāūṃ, jahāna-ē-kharāba mēṃ
śabahā-ē-hijra kō bhī rakhūṃ gara hisāba mēṃ

3. tā phira na intizāra mēṃ nīnda āyē umra bhara
ānē kā vā'dā kara gayē, āyē jō khvāba mēṃ

4. qāsida kē ātē ātē, khata ika aura likha rakhūṃ
maiṃ jānatā hūṃ jō vaha likhēṅgē javāba mēṃ

1. Beloved's fiery temper is akin to a raging fire
I am nothing if not at ease in conditions that are dire

2. How to tell how long I have lived on the sorry planet
If I add nights of blight to the days of no desire

3. In dream beloved had come, and pledged again to come.
No more the sleep will come, waiting for life entire

4. I would write another missive, before the messenger's return
I know the beloved is dismissive, replying to my letter prior

१. मिलती है ख़ू-ए-यार से नार, इल्तिहाब में
काफ़िर हूँ गर न मिलती हो राहत अज़ाब में

२. कब से हूँ, क्या बताऊँ जहान-ए-ख़राब में
शबहा-ए-हिज्र को भी रखूँ गर हिसाब में

३. ता फिर न इन्तिज़ार में नीन्द आये उम्र भर
आने का वा'दा कर गये, आये जो ख़्वाब में

४. क़ासिद के आते आते, ख़त इक और लिख रखूँ
मैं जानता हूँ, जो वह लिखेंगे जवाब में

۵- مجھ تک کب ان کی بزم میں آتا تھا دورِ جام
ساقی نے کچھ ملا نہ دیا ہو شراب میں

۶- میں مضطرب ہوں وصل میں خوفِ رقیب سے
ڈالا ہے تم کو وہم نے کس پیچ و تاب میں

۷- میں اور حظِّ وصل خدا ساز بات ہے
جاں نذر دینی بھول گیا، اِضطراب میں

۸- وہ سحر مدّعا طلبی میں نہ کام آئے
جس سحر سے سفینہ رواں ہو سراب میں

۹- غالبؔ چھٹی شراب پر اب بھی کبھی کبھی
پیتا ہوں روزِ ابر شبِ ماہتاب میں

5. mujha taka kaba unakī bajma mēṃ, ātā thā daura-ē-jāma
sāqī nē kucha milā na diyā hō śarāba mēṃ

6. maiṃ mujtariba hūṃ vasla mēṃ, khaufa-ē-raqība sē
ḍālā hai tumakō vahama nē, kisa pēca-ō-tāba mēṃ

7. maiṃ aura hiajza-ē-vasla, khudāsāza bāta hai
jāṃ nazra dēnī bhūla gayā, ijtirāba mēṃ

8. vaha sēhara mudda'ā talabī mēṃ na kāma āyē
jisa sēhara sē safīnā ravāṃ hō sarāba mēṃ

9. ghāliba chuṭī śarāba, para aba bhī kabhī kabhī
pītā hūṃ rōza-ē-abra-ō-śaba-ē-māhatāba mēṃ

5. How could I be preferred, and proferred a cup in parlour
The drink, suspiciously, may be mixed by Saqi[37] to conspire

6. I am by rival's jeer perturbed as I meet beloved
Why beloved by fear is disturbed, wishing to retire

7. Not to be cynical, meeting beloved was nothing short of mira
miracle,
Overwrought, I just forgot, to offer my life on hire

8. What a pity, the same magic should fail to move beloved
The very magic that could move a ship in a quagmire

9. O Ghalib, though I abstain, at times I cannot refrain
To drink on a cloudy day, on a moonlit night afire

५. मुझ तक कब उनकी बज़्म में, आता था दौर-ए-जाम
साक़ी ने कुछ मिला न दिया हो शराब में

६. मैं मुज़्तरिब हूँ वस्ल में, ख़ौफ़-ए-रक़ीब से
डाला है तुमको वह्म ने, किस पेच-ओ-ताब में

७. मैं और हिज़्ज़-ए-वस्ल, ख़ुदासाज़ बात है
जाँ नज़्र देनी भूल गया, इज़्तिराब में

८. वह सेह्र मुद्दआ तलबी में न काम आये
जिस सेह्र से सफ़ीना रवाँ हो सराब में

९. ग़ालिब छुटी शराब, पर अब भी कभी कभी
पीता हूँ रोज़-ए-अब्र-ओ-शब-ए-माहताब में

***

۱۔ شکوے کے نام سے بے مہر خفا ہوتا ہے
یہ بھی مت کہہ کہ جو کہیے تو گلا ہوتا ہے

۲۔ گو سمجھتا نہیں پر حسنِ تلافی دیکھو
شکوۂ جور سے سرگرمِ جفا ہوتا ہے

۳۔ عشق کی راہ میں ہے چرخ مکوکب کی وہ چال
ست رو جیسے کوئی آبلہ پا ہوتا ہے

1. śikavē kē nāma sē bēmēhara khafā hōtā hai
yaha bhī mata kaha, ki jō kahiyē tō gilā hōtā hai

2. gō samajhatā nahīṃ, para husna-ē-talāfī dēkhō
śikavā-ē-jaura sē, saragarma jafā hōtā hai

3. "iśqa kī rāha mēṃ, hai carkha-ē-makaukaba kī vaha cāla
susta rau jaisē kōī ābalā pā hōtā hai

1. On the mention of complaint, the haughty beloved is upset
Mum is word, for if you say, it is suspect, you bet

2. Beloved does not understand, but see the irony at hand
The complaint against unfairness leads to its onset

3. In the orbit of love, the starry sky's speed is such
It turns slow, as if some sole with blisters is inset

१. शिकवे के नाम से, बेमेह्र ख़फा होता है
यह भी मत कह, कि जो कहिये तो गिला होता है

२. गो समझता नहीं, पर हुस्न-ए-तलाफ़ी देखो
शिकवा-ए-जौर से, सरगर्म जफ़ा होता है

३. इश्क़ की राह में, है चर्ख़-ए-मकौकब की वह चाल
सुस्त रौ जैसे कोई आबला-पा होता है

۴- کیوں نہ ٹھہریں ہدفِ ناوکِ بیداد کہ ہم
آپ اُٹھا لاتے ہیں گر تیر خطا ہوتا ہے

۵- خوب تھا پہلے سے ہوتے جو ہم اپنے بدخواہ
کہ بھلا چاہتے ہیں اور بُرا ہوتا ہے

۶- نالہ جاتا تھا پرے عرش سے میرا اور اب
لب تک آتا ہے جو ایسا ہی رسا ہوتا ہے

۷- رکھیو غالبؔ مجھے اِس تلخ نوائی میں معاف
آج کچھ درد مرے دل میں سِوا ہوتا ہے

4. kyōṃ na ṭhaharēṃ hadafa-ē-nāvaka-ē-bēdāda, ki hama
āpa uṭhā lātē haiṃ, gara tīra khatā hōtā hai

5. khūba thā, pahalē sē hōtē jō hama apanē badakhvāha
ki bhalā cāhatē hai aura burā hōtā hai

6. nālā jātā thā, parē arśa sē mērā' aura aba
laba taka ātā hai jō aisā rasā hōtā hai

7. rakhiyō,a ghāliba, mujhē isa talkhanavāī mēṃ mu'āfa
āja kucha darda mērē dila mēṃ sivā hōtā hai

4. Why we shouldn't be favourite as beloved's shooting target
For if the arrow goes awry, we help the aim reset

5. We could, for our good, wish ill respecting us
If for effect the other way, our wish for good is met

6. My prayer reached beyond the heaven, but of late now
It reaches only lips, at best, the most it can get

7. O Ghalib, do forgive me for my blunt outburst
My heart today with tearburst, somehow, is beset

४. क्यों न ठहरें हदफ़-ए-नावक-ए-बेदाद, कि हम
आप उठा लाते है, गर तीर ख़ता होता है

५. ख़ूब था, पहले से होते जो हम अपने बदख़्वाह
कि भला चाहते हैं और बुरा होता है

६. नाला जाता था, परे अर्श से मेरा, और अब
लब तक आता है जो ऐसा ही रसा होता है

७. रखियो, ग़ालिब, मुझे इस तल्ख़नवाई में मु'आफ़
आज कुछ दर्द मेरे दिल में सिवा होता है

***

۱- ظلمت کدے میں میرے شبِ غم کا جوش ہے
اک شمع ہے دلیلِ سحر سو خموش ہے

۲- نے مژدۂ وصال نہ نظّارۂ جمال
مدّت ہوئی کہ آشتیٔ چشم و گوش ہے

۳- مے نے کیا ہے حسنِ خود آرا کو بے حجاب
اے شوق یاں اجازتِ تسلیم و ہوش ہے

۴- گوہر کو عقدِ گردنِ خوباں میں دیکھنا
کیا اوج پر ستارۂ گوہر فروش ہے

1. zulmata kadē mēṃ mērē, śaba-ē-g̲hama kā jōśa hai
ika śam'a hai dalīla-ē-sahara, sō k̲h̲amōśa hai

2. nē muśadā-ē-visāla, na najzārā-ē-jamāla
muddata huī ki āśti-ē-caśma-ō-gōśa hai

3. mai nē kiyā hai husna-ē-k̲h̲udaārā kō, bēhijāba
ai śauqa yāṃ ijāzata-ē-taslīma-ē-hōśa hai

4. gauhara kō ikda-ē-gardana-ē-k̲h̲ūvāṃ mēṃ dēkhanā
kyā auja para sitārā-ē-gauhara farōśa hai

1. In the realm of darkness is my benighted sorrow at height
As harbinger of dawn a candle, having shed its light

2. No news of reunion, no view to feast our vision
For long there is rapport between my hearing and my sight

3. Wine has helped unmask the beauty to behold
Zest is free to take its leave of any wrong or right

4. To see the pearl in the necklace around beloved's neck
The star of necklace maker is obviously very bright

१. जुल्मत कदे में मेरे, शब-ए-ग़म का जोश है
इक शम्अ है दलील-ए-सहर, सो ख़मोश है

२. ने मुशदा-ए-विसाल, न नज़्ज़ारा-ए-जमाल
मुद्दत हुई कि आश्ति-ए-चश्म-ओ-गोश है

३. मैं ने किया है हुस्न-ए-खुदआरा को, बेहिजाब
ऐ शौक़, याँ इजाज़त-ए-तस्लीम-ए-होश है

४. गौहर को इक़्द-ए-गर्दन-ए-खूबाँ में देखना
क्या औज पर सितारा-ए-गौहर फ़रोश है

۵- دیدارِ بادہ، حوصلہ ساقی، نگاہ مست
بزمِ خیال میکدۂ بے خروش ہے

۶- اے تازہ واردانِ بساطِ ہوائے دل
زنہار اگر تمہیں ہوسِ نائے و نوش ہے

۷- ساقی بہ جلوہ دشمنِ ایمان و آگہی
مُطرب بنغمہ رہزنِ تمکین و ہوش ہے

۸- داغِ فراقِ صحبتِ شب کی جلی ہوئی
اِک شمع رہ گئی ہے سو وہ بھی خموش ہے

۹- آتے ہیں غیب سے یہ مضامیں خیال میں
غالبؔ صریرِ خامہ نوائے سروش ہے

5. dīdāra-bādā, hausalā sāqī, nigāha masta
bajma-ē-khayāla, maikada:-ē-bēkharōśa hai

6. ai tāzā vāridāna-ē-bisāta-ē-havā-ē-dila
zinhāra, agara tumhēṃ havasa nāya-ō-nōśa hai

7. sāqī, bā-jalavā duśmana-ē-īmāna-ō-āgahī
mutariba, bā-nagmā, rahazana-ē-tamakīna-ō-hōśa hai

8. dāgha-ē-firāqa-ē-sōhabata-ē-śaba kī jalī huī
ika śam'a raha gaī hai, sō vaha bhī khamōśa hai

9. ātē haiṃ ghaiba sē, yaha mazāmīṃ khayāla mēṃ
ghāliba, sarīra-ē-khāmā navā-ē-sarōśa hai

5. Sight of wine, exhorted by Saqi[37], eyes are exhilerated
Realm of thought intoxicated, they are a tavern of delight

6. O you recent entrants in the realm of heady love
If you fall for wine and music, beware of your plight

7. Wine is just an enemy to sense and sensibility
Music is so enchanting, yet for senses it is a blight

8. A candle, not much, is all that is but distinguished
Burnt, as such, all extinguished, during the tortuous night

9. O Ghalib, I write my verses from heavenly inspiration
My pen reflects an imagination, angelic in its flight

५. दीदार-बादा, हौसला साक़ी, निगाह मस्त
बज़्म-ए-ख़याल, मैकदा-ए-बेख़रोश है

६. ऐ ताज़ा वारिदान-ए-बिसात-ए-हवा-ए-दिल
ज़िन्हार, अगर तुम्हें हवस नाय-ओ-नोश है

७. साक़ी, बा-जलवा दुश्मन-ए-ईमान-ओ-आगही
मुतरिब, बा-नग्मा, रहज़न-ए-तम्कीन-ओ-होश है

८. दाग़-ए-फ़िराक़-ए-सोह्बत-ए-शब की जली हुई
इक शम्'अ रह गई है, सो वह भी ख़मोश है

९. आते हैं ग़ैब से, यह मज़ामीं ख़याल में
ग़ालिब, सरीर-ए-ख़ामा नवा-ए-सरोश है

❀❀❀

۱۔ کہتے ہیں نہ دیں گے ہم دل اگر پڑا پایا
دل کہاں کہ گم کیجے ہم نے مدّعا پایا

۲۔ عشق سے طبیعت نے زیست کا مزا پایا
درد کی دوا پائی، دردِ لا دوا پایا

۳۔ شورِ پندِ ناصح نے زخم پر نمک چھڑکا
آپ سے کوئی پوچھے تم نے کیا مزا پایا

۴۔ ہے کہاں تمنّا کا دوسرا قدم یارب
ہم نے دشتِ امکاں کو ایک نقش پا پایا

1. kahatē hō, na dēṅgē hama, dila agara paḓā pāyā
dila kahāṃ ki guma kījē, hamanē mudda'ā pāyā

2. iśqa sē, tabī'ata nē, jīsta kā mazā pāyā
darda kī davā pāī, darda-ē-bēdavā pāyā

3. śōra-ē-panda-ē-nāsēhā nē zakhma para namaka chiḓakā
āpa sē kōī pūchē, tuma nē kyā mazā pāyā

1. Finders keepers, you say you won't return our heart
We find your worthy intent, we have no heart to part

2. Our nature found in love joy and zest to live
In love is cure for pain, in pain we ever smart

3. The critic sure has added insult to our injury
We wonder how in all this you have played your part

4. Where, O God, is second step for unbridled ambition
This realm of possibility is a mirage of a sort

१. कहते हो, न देंगे हम, दिल अगर पड़ा पाया
दिल कहाँ कि गुम कीजे, हमने मुद्दआ पाया

२. इश्क़ से तबी'अत ने, ज़ीस्त का मज़ा पाया
दर्द की दवा पाई, दर्द-ए-बे-दवा पाया

३. शोर-ए-पन्द-ए-नासेहा ने ज़ख्म पर नमक छिड़का
आप से कोई पूछे, तुम ने क्या मज़ा पाया

۵- سادگی و پرکاری، بیخودی و ہشیاری
حسن کو تغافل میں جرأت آزما پایا

۶- غنچہ پھر لگا کھلنے آج ہم نے اپنا دل
خوں کیا ہوا دیکھا، گم کیا ہوا پایا

۷- حالِ دل نہیں معلوم، لیکن اِس قدر یعنی
ہم نے بار ہا ڈھونڈا تم نے بار ہا پایا

۸- دوستدارِ دشمن ہے، اعتمادِ دل معلوم
آہ بے اثر دیکھی، نالہ نارسا پایا

4. sādagi-ō-purakārī, bēk̲h̲ukī-ō-huśiyārī
husta kō tag̲h̲āfula mēṃ, juraata-āzamā pāyā

5. g̲h̲uñcā phira lagā khilanē, āja hamanē apanā dila
k̲h̲ūṃ kiyā huā dēkhā, guma kiyā huā pāyā

6. hāla-ē-dila nahīṃ mā'lūma, lēkina isa qadara yā"nī
hama nē bārahā ḍhūṇḍhā, tuma nē bārahā pāyā

7. dōstadāra-ē-duśmana hai, ē'timāda-ē-dila mā'lūma
āha bē asara dēkhī, nālā nārasā pāyā

5. Simplicity and duplicity, felicity and objectivity
Beauty, inadvertantly, has some lessons to impart

6. Hyacinth again has blossomed, nurtured with our blood
In it today we found our much neglected heart

7. Heart's condition we know not, only this we know
You put it oft together, as we put it oft apart

8. Its sighs are ineffective, its entreaties unproductive
By beloved it's ensnared, we cannot trust our heart

४. सादगि-ओ-पुरकारी, बेख़ुदी-ओ-हुशियारी
हुस्न को तग़ाफ़ुल में जुरअत-आज़मा पाया

५. गुंचा फिर लगा खिलने, आज हमने अपना दिल
खूँ किया हुआ देखा, गुम किया हुआ पाया

६. हाल-ए-दिल नहीं मा'लूम, लेकिन इस क़दर या'नी
हम ने बारहा ढूँढा, तुम ने बारहा पाया

७. दोस्तदार-ए-दुश्मन है, ए'तिमाद-ए-दिल मा'लूम
आह बे असर देखी, नाला नारसा पाया

۱- شوق ہر رنگ رقیبِ سر و ساماں نکلا
قیس تصویر کے پردے میں بھی عریاں؟ نکلا

۲- بوئے گل، نالۂ دل، دودِ چراغِ محفل
جو تری بزم سے نکلا سو پریشاں نکلا

۳- زخم نے داد نہ دی تنگیِٔ دل کی یارب
تیر بھی سینۂ بسمل سے پر افشاں نکلا

۴- تھی نو آموزِ فنا ہمتِ دشوار پسند
سخت مشکل ہے کہ یہ کام بھی آساں نکلا

۵- دل میں پھر گریہ نے اک شور اٹھایا غالب
آہ جو قطرہ نہ نکلا تھا سو طوفاں نکلا

1. śauka hara raṅga, rakība-ē-sara-ō-sāmāṃ nikalā
   kaisa tasvīra kē pardē mēṃ bhī uriyāṃ nikalā

2. bū-ē-gula, nālā-ē-dila, dūda-ē-carāga-ē-mahaphila
   jō tirī bajma sē nikalā, sō parīśāṃ nikalā

3. jakhma nē dāda na dī taṅgi ē-dila kī yāraba
   tīra bhī sīnā-ē-abāsmila sē paraāphaśāṃ nikalā

4. thī nauāmōja-ē-phanā, himmata-ē-duśvāra pasanda
   sakhta muśkila hai, ki yaha kāma bhī āsāṃ nikalā

5. dila mēṃ phira giriyē nē ika śōra uṭhāyā, gāliba
   āha jō katarā na nikalā thā, sō tūphāṃ nikalā

1. Zeal in all its facets is antithesis of achievement
Qais[18] was all transparent even wrapped in picture raiment

2. Whatever emerged from your circle was indeed in circles
Sighs of heart, smoke of candle, flower's wafting scent

3. This sensation in my bosom was due to beloved's glance
Supposedly what was heart was a dart with its dent

4. Our hard loving mettle was a new recruit for rigours
That the challenge was so simple made us so despondent

5. Emotions again were welling in the heart of Ghalib
His tears turned to swelling, as a flood over embankment

१. शौक़ हर रंग, रक़ीब-ए-सर-ओ-सामाँ निकला
कै़स तस्वीर के पर्दे में भी उरियाँ निकला

२. बू-ए-गुल, नाला-ए-दिल, दूद-ए-चराग़-ए-महफ़िल
जो तिरी बज़्म से निकला, सो परीशाँ निकला

३. ज़ख़्म ने दाद न दी तंगि ए-दिल की यारब
तीर भी सीना-ए-बिस्मिल से परअफ़शाँ निकला

४. थी नौआमोज़-ए-फ़ना, हिम्मत-ए-दुश्वार पसन्द
सख़्त मुश्किल है, कि यह काम भी आसाँ निकला

५. दिल में फिर गिरिये ने इक शोर उठाया, ग़ालिब
आह जो क़तरा न निकला था, सो तूफ़ाँ निकला

***

۱۔ حسن غمزے کی کشاکش سے چھٹا میرے بعد
بارے، آرام سے ہیں اہلِ جفا میرے بعد

۲۔ منصبِ شیفتگی کے کوئی قابل نہ رہا
ہوئی معزولیِ انداز و ادا میرے بعد

۳۔ شمع بجھتی ہے تو اس میں سے دھواں اٹھتا ہے
شعلۂ عشق سیہ پوش ہوا میرے بعد

۴۔ خوں ہے دل خاک میں، احوالِ بتاں پر یعنی
ان کے ناخن ہوئے محتاجِ حنا میرے بعد

1. husna, gamajē kī kaśākaśa sē chuṭā, mērē bā'da
bārē ārāma sē haiṃ ahala-ē-japhā, mērē bā'da

2. mansaba-ē-śēphitagī kē kōī kābila na rahā
huī mā'jūli-ē-andāja-ō-adā, mērē bā'da

3. śama'a bujhatī hai, tō usa mēṃ sē dhuāṃ uṭhatā hai
śō'lā-iśka siyāha-pōśa huā, mērē bā'da

4. khūṃ hai dila khāka mēṃ, ahavāla-ē-butāṃ para, yā'nī
inakē nākhuna huyē muhatāja-ē-hinā, mērē bā'da

1. There is none left for beauty's attention after me
Beautiful folk's activity is in suspension after me

2. There is none left to wear lover's mantle
Beguiling and bewitching are in abstention after me

3. By smoke it is distinguished when a candle is extinguished
Flame of love is thus in black convention after me

4. My heart is bleeding white contemplating beloved's plight
In place of blood, nails will need pigmentation after me

१. हुस्न, ग़मज़े की कशाकश से छुटा, मेरे बा'द
बारे आराम से हैं अह्ल-ए-जफ़ा, मेरे बा'द

२. मन्सब-ए-शेफ़्तिगी के कोई क़ाबिल न रहा
हुई मा'ज़ूलि-ए-अन्दाज़-ओ-अदाए मेरे बा'द

३. शम'अ बुझती है, तो उस में से धुआँ उठता है
शो'ला-ए-इश्क़ सियाह-पोश हुआ, मेरे बा'द

४. ख़ूँ है दिल ख़ाक में, अह्वाल-ए-बुताँ पर, या'नी
इनके नाख़ुन हुये महताज-ए-हिना, मेरे बा'द

۵۔ در خورِ عرض نہیں جوہر بیداد کو جا
نگہ ناز ہے سرمہ سے خفا میرے بعد

۶۔ ہے جنوں اہلِ جنوں کے لئے آغوشِ وداع
چاک ہوتا ہے گریباں سے جدا میرے بعد

۷۔ غم سے مرتا ہوں کہ اتنا نہیں دنیا میں کوئی
کہ کرے تعزیتِ مہر و وفا میرے بعد

۸۔ آئے ہے بیکسیٔ عشق پہ رونا غالب
کس کے گھر جائے گا سیلاب بلا میرے بعد

5. darakhura-ē-"arja nahīṃ, jauhara-ē-bēdāda kō, jā
nigaha-ē-nāja hai suramē sē khaphā, mērē bā'da

6. hai junūṃ, ahala-ē-junūṃ kē liyē āgōśa-ē-vidā'a
cāka hōtā hai garībāṃ sē judā, mērē bā'da

7. gama sē maratā hūṃ, ki itanā nahīṃ duniyā mēṃ kōī
ki karē tā'jiyata-ē-mēhara-ō vaphā mērē bā'da

8. āyē hai bēkasi-ē-iśka pē rōnā gāliba
kisakē ghara jāyēgā sailāba-ē-balā, marē bā'da

5. None else but I will eye display of beautiful eyes
With antimony the lotus eye is in contention after me

6. Passion has taken leave of people given to passion
No longer garment in tatters is in retention after me

7. I die of shame that there is none in the world alive
To condole demise of fealty and mention after me

8. O Ghalib, I simply weep over helplessness of love
Flood of hopelessness will sweep whose pension after me

५. दरख़ुर-ए-'अर्ज़ नहीं, जौहर-ए-बेदाद को, जा
निगह-ए-नाज़ है सुरमे से ख़फ़ा, मेरे बा'द

६. है जुनूँ, अहल-ए-जुनूँ के लिये आग़ोश-ए-विदा'अ
चाक होता है गरीबाँ से जुदा, मेरे बा'द

७. ग़म से मरता हूँ, कि इतना नहीं दुनिया में कोई
कि करे ता'ज़ियत-ए-मेह्‌र-ओ-वफ़ा मेरे बा'द

८. आये है बेकसि-ए-इश्क़ पे रोना ग़ालिब
किसके घर जायेगा सैलाब-ए-बला, मेरे बा'द

❀❀❀

۱- بازیچۂ اطفال ہے دنیا مرے آگے
ہوتا ہے شب و روز تماشا مرے آگے

۲- اک کھیل ہے اورنگِ سلیماں مرے نزدیک
اک بات ہے اعجازِ مسیحا مرے آگے

۳- جز نام نہیں صورتِ عالم مجھے منظور
جز وہم نہیں ہستیٔ اشیا مرے آگے

۴- ہوتا ہے نہاں گرد میں صحرا مرے ہوتے
گھستا ہے جبیں خاک پہ دریا مرے آگے

۵- مت پوچھ کہ کیا حال ہے میرا ترے پیچھے
تو دیکھ کہ کیا رنگ ہے تیرا مرے آگے

1. **bāzīcā-ē-atfāla hai duniyā mērē āgē**
hōtā hai śaba-ō-rōza tamāśā mērē āgē

2. **ika khēla hai auraṅgē sulēmām̐ mērē nazadīka**
ika bāta hai ējāzē masīhā mērē āgē

3. **juza nāma nahīṃ sūratē ālama mujhē mañjūra**
juza vahama nahīṃ, hasti-ē-aśiyā mērē āgē

4. **hōtā hai nihām̐ garda mēṃ saharā, mērē hōtē**
ghisatā hai jabīṃ khāka pē dariyā mērē āgē

5. **mata pūcha ki kyā hāla hai mērā tērē pīchē**
tū dēkha ki kyā raṅga hai tērā mērē āgē

1. The world is just a child's play before me
The farce goes on night and day before me

2. I regard Solomon's prestigious acts a trifle
Jesus' prodigious acts are at bay before me

3. Except only in word, I don't accept the world
Material things are shade of grey before me

4. Desert bites the dust right in my presence
River grovels in dust in disarray before me

5. Don't ask how badly I fare behind you
See how well you hold sway before me

१. बाज़ीचा-ए-अत्फ़ाल है दुनिया मेरे आगे
होता है शब-ओ-रोज़ तमाशा मेरे आगे

२. इक खेल है औरंगे सुलेमाँ मेरे नज़दीक
इक बात है एजाज़े मसीहा मेरे आगे

३. जुज़ नाम नहीं सूरते आलम मुझे मंजूर
जुज़ वहम नहीं, हस्ति-ए-अशिया मेरे आगे

४. होता है निहाँ गर्द में सहरा, मेरे होते
घिसता है जबीं ख़ाक पे दरिया मेरे आगे

५. मत पूछ कि क्या हाल है मेरा तेरे पीछे
तू देख कि क्या रंग है तेरा मेरे आगे

۶- سچ کہتے ہو خود بین و خود آرا ہوں، نہ کیوں ہوں
بیٹھا ہے بُتِ آئینہ سیما مرے آگے

۷- عاشق ہوں پہ معشوق فریبی ہے میرا کام
مجنوں کو برا کہتی ہے لیلیٰ مرے آگے

۸- پھر دیکھیے اندازِ گل افشانیٔ گفتار
رکھ دے کوئی پیمانۂ صہبا مرے آگے

۹- گو ہاتھ کو جنبش نہیں آنکھوں میں تو دم ہے
رہنے دو ابھی ساغر و مینا مرے آگے

۱۰- ہم پیشہ و ہم مشرب و ہم راز ہے میرا
غالبؔ کو برا کیوں کہو؟ اچھا مرے آگے

6. saca kahatē hō, khudabīna-ō-khudaārā hūm̐, na kyūm̐ hūm̐
baiṭhā hai butē āīnā sīmā mērē āgē

7. āśika hūm̐, pē māśūka farēbī hai mērā kāma
majanūm̐ kō burā kahatī hai lailā mērē āgē

8. phira dēkhiē andāzē gulaafaśāni-ē-guphtāra
rakha dē kōī paimānā-ē-sahabā mērē āgē

9. gō hātha kō jumbiśa nahīṃ, ām̐khēṃ mēṃ tō dama hai
rahanē dō abhī sāgh̲ara-ō-mīnā mērē āgē

10. hamapēśā-ō-hama maśaraba-ō-hamarāza hai mērā
"gh̲āliba' kō burā kyūm̐ kahō acchā mērē āgē

6. Rightly you are seated, rightly I am conceited
A compliment well greeted you pay before me

7. Lover though I am, I deceive lovely folk
Laila[19] vis-a-vis Majnoon is in fray before me

8. See with what felicity I can keep talking
If wine and cup facility you lay before me

9. Though hand cannot move, eyes still approve
Let wine and glass as yet stay before me

10. We complement at work, we share wine and word
All compliment for Ghalib, no wordplay before me

६. सच कहते हो, खुदबीन-ओ-खुदआरा हूँ, न क्यूँ हूँ
बैठा है बुते आईना सीमा मेरे आगे

७. आशिक हूँ, पे माशूक़ फ़रेबी है मेरा काम
मजनूँ को बूरा कहती है लैला मेरे आगे

८. फिर देखिए अन्दाज़े गुलअफ़शानि-ए-गुफ़्तार
रख दे कोई पैमाना-ए-सहबा मेरे आगे

९. गो हाथ को जुंबिश नहीं, आँखों में तो दम है
रहने दो अभी साग़र-ओ-मीना मेरे आगे

१०. हमपेशा-ओ-हम मशरब-ओ-हमराज़ है मेरा
'ग़लिब' को बुरा क्यूँ कहो अच्छा मेरे आगे

✼✼✼

۱- ہر قدم دوریٔ منزل ہے نمایاں مجھ سے
میری رفتار سے بھاگے ہے بیاباں مجھ سے

۲- درس عنوانِ تماشا بتغافل خوشتر
ہے نگہ رشتۂ شیرازۂ مژگاں مجھ سے

۳- وحشتِ آتشِ دل سے شبِ تنہائی میں
صورتِ دود رہا سایہ گریزاں مجھ سے

۴- غمِ عشّاق نہ ہو سادگی آموزِ بتاں
کس قدر خانۂ آئینہ ہے ویراں مجھ سے

1. hara qadama dūri-ē-mañjila hai numāyāṃ mujhasē
mērī raphtāra sē bhāgē hai, bayābāṃ mujhasē

2. darsa-ē-unvāna-ē-tamāśā, va-tag͟hāfula k͟huśtara
hai nigaha riśtā-ē-śīrāzā-ē-miśagāṃ mujhasē

3. vahaśata-ē-ātaśa-ē-dila sē, śaba-ē-tanhāī mēṃ
sūrata-ē-dūda, rahā sāyā gurēzāṃ mujhasē

4. g͟hama-ē-uśśāqa na hō, sādagī āmōza-ē-butāṃ
kisa qadara k͟hānā-ē-āīnā hai vīrāṃ mujhasē

1. With each step form me, destination seems to recede
Desert distances itself from me, for my sluggish speed

2. View of beloved is inviting, is rendered more exciting
If beloved is not inciting, eyes and vision concede

3. In the night of separation, in my desperation, all afire
Like smoke from source of fire, my shadow did secede

4. Let desultriness of lovers not distract the beautiful folk
Though desolation from mirror house may in fact exceed

१. हर क़दम दूरि-ए-मंज़िल है नुमायाँ मुझसे
मेरी रफ़्तार से भागे है, बयाबाँ मुझसे

२. दर्स-ए-उन्वान-ए-तमाशा, ब-तग़ाफुल ख़ुश्तर
है निगह रिश्ता-ए-शीराज़ा-ए-मिशगाँ मुझसे

३. वहशत-ए-आतश-ए-दिल से, शब-ए-तन्हाई में
सूरत-ए-दूद, रहा साया गुरेज़ाँ मुझसे

४. ग़म-ए-उश्शाक़ न हो, सादगी आमोज़-ए-बुताँ
किस क़दर ख़ाना-आईना है वीराँ मुझसे

۵- اثرِ آبلہ سے جادۂ صحرائے جنوں
صورتِ رشتۂ گوہر ہے چراغاں مجھ سے

۶- شوقِ دیدار میں گر تو مجھے گردن مارے
ہو نگہ، مثلِ گلِ شمع پریشاں مجھ سے

۷- گردشِ ساغرِ صد جلوۂ رنگیں تجھ سے
آئینہ داریٔ یک دیدۂ حیراں مجھ سے

۸- نگہِ گرم سے اِک آگ ٹپکتی ہے اسدؔ
ہے چراغاں خس و خاشاکِ گلستاں مجھ سے

5. asara-ē-ābalā sē, jādā-ē-saharā-ē-junūṃ
sūrata-ē-riśtā-ē-gauhra hai carāg͟hāṃ mujhasē

6. śauqa-ē-dīdāra mēṃ, gara tū mujhē gardana mārē
hō nigaha, misla-ē-gula-ē-śam'a, parīśāṃ mujhasē

7. gardiśa-ē-sāg͟hara-ē-sad jalvā-ē-raṅgīṃ tujhasē
āinādāri-ē-yaka dīdā-ē-hairāṃ mujhasē

8. nigaha-ē-garma sē ika āga ṭapakatī hai, asada
hai carāg͟hāṃ, k͟hasa-ō-k͟hāśāka gulistāṃ mujhasē

5. Desert path of madness is stained with chequered spots
They result from blisters bleeding, leaving a crimson bead

6. For my zest for sight, if beloved behead me right
Let my gaze be scattered aright, like candle smoke indeed

7. From your grace, kaleidoscopic cups of wine exulting
From my face, excitement exuding, an eye to intercede

8. Intensity of my vision, Asad, kindles such a fire
To turn the garden tinder ablaze, it can well succeed

५. असर-ए-आबला से, जादा-सहरा-ए-जुनूँ
सूरत-ए-रिश्ता-ए-गौहर है चराग़ाँ मुझसे

६. शौक़-ए-दीदार में, गर तू मुझे गर्दन मारे
हो निगह, मिस्ल-ए-गुल-ए-शम्'अ परीशाँ मुझसे

७. गर्दिश-ए-सागर-ए-सद् जल्वा-ए-रँगीं तुझसे
आइनादारी यक दीदा-ए-हैराँ मुझसे

८. निगह-ए-गर्म से इक आग टपकती है असद
है चराग़ाँ, ख़स-ओ-ख़ाशाक गुलिस्ताँ मुझसे

❀❀❀

۱- دائم پڑا ہوا ترے در پر نہیں ہوں میں
خاک ایسی زندگی پہ کہ پتھر نہیں ہوں میں

۲- کیوں گردشِ مدام سے گھبرا نہ جائے دل
انسان ہوں، پیالہ و ساغر نہیں ہوں میں

۳- یارب زمانہ مجھ کو مٹاتا ہے کس لئے
لوحِ جہاں پہ حرف مکرر نہیں ہوں میں

۴- حد چاہیئے سزا میں عقوبت کے واسطے
آخر گناہگار ہوں، کافر نہیں ہوں میں

1. dāima paḓā huā tirē dara para nahīṃ hūṃ maiṃ
khāka aisī zindagī pē, ki patthara nahīṃ hūṃ maiṃ

2. kyōṃ gardiśa-ē-mudāma sē ghabarā na jāyē dila
iṃsāna hūṃ, piyālā-ō-sāghara nahīṃ hūṃ maiṃ

3. yā raba, zamānā mujhakō miṭātā hai kisa liyē
lauha-ē-jahāṃ pa harfa-ē-mukarrara nahīṃ hūṃ maiṃ

4. hada cāhiyē sazā mēṃ, .auqūbata kē vāstē
ākhira gunāhagāra hūṃ, qāfira nahīṃ hū maiṃ

1. Would that I were a stone, I would lie ever more
Woe betide me, I am not a stone at your door

2. If like a cup of wine I am passed around as a norm
I am flesh and blood in form, I'd be shaken to the core

3. Why, O God, the worldly forces want my obliteration
I am not on the face of earth any errant score

4. Punishment for sin, at worst, be set within a limit
I am sinner inadvertantly, no infidel to my pore

१. दाइम पड़ा हुआ तिरे दर पर नहीं हूँ मैं
ख़ाक ऐसी ज़िन्दगी पे, कि पत्थर नहीं हूँ मैं

२. क्यों गर्दिश-ए-मुदाम से घबरा न जाये दिल
इंसान हूँ, पियाला-ओ-साग़र नहीं हूँ मैं

३. या रब, ज़माना मुझको मिटाता है किस लिये
लौह-ए-जहाँ प हर्फ़-ए-मुकर्रर नहीं हूँ मैं

४. हद चाहिये सज़ा में, अक़ूबत के वास्ते
आख़िर गुनाहगार हूँ, क़ाफ़िर नहीं हूँ मैं

۵- کس واسطے عزیز نہیں جانتے مجھے
لعل و زمرد و زر و گوہر نہیں ہوں میں

۶- رکھتے ہو تم قدم مری آنکھوں سے کیوں دریغ
رتبے میں مہر و ماہ سے کمتر نہیں ہوں میں

۷- کرتے ہو مجھ کو منعِ قدم بوس کس لئے
کیا آسمان کے بھی برابر نہیں ہوں میں

۸- غالب وظیفہ خوار ہو دو شاہ کو دعا
وہ دن گئے کہ کہتے تھے نوکر نہیں ہوں میں

5. kisa vāstē azīza nahīṃ jānatē mujhē
lā'la-ō-zamarrūda-v-zara-ō-gauhara nahīṃ hūṃ maiṃ

6. rakhatē hō tuma qadama mirī āṃkhōṃ sē kyōṃ dirēg̱ha
rutabē mēṃ mēhara-ō-māha sē kamatara nahīṃ hūṃ maiṃ

7. karatē hō mujhakō mana-ē-qadama bōsa kisa liyē
kyā āsamāna kē bhī barābara nahīṃ hūṃ maiṃ

8. g̱hāliba, vazīphā-khvāra hō, dò śāha kō du'ā
vaha dina gayē ki kahatē thē, naukara nahīṃ hūṃ maiṃ

5. I am no ruby or gem, or gold to behold
For you, no reason not to hold me dear to adore

6. Why you keep yourself aloof, I take it as your reproof
In my stature, as a proof, with sun and moon I soar

7. Why not let me touch the earth right under your feet
Why, am I not at par with the firmament galore

8. You are now King's liege, O Ghalib, praise to him
You said you were no protégé, in the days of yore

५. किस वास्ते अज़ीज़ नहीं जानते मुझे
लाल-ओ-ज़मर्रुद-व-ज़र-ओ-गौहर नहीं हूँ मैं

६. रखते हो तुम क़दम मिरी आँखों से क्यों दिरेग़
रुतबे में मेह्र-ओ-माह से कमतर नहीं हूँ मैं

७. करते हो मुझको मन-ए-क़दम बोस किस लिये
क्या आसमान के भी बराबर नहीं हूँ मैं

८. ग़ालिब, वज़ीफ़ा-ख़्वार हो, दो शाह को दु'आ
वह दिन गये कि कहते थे, नौकर नहीं हूँ मैं

❀❀❀

۱- ہر ایک بات پہ کہتے ہو تم کہ تو کیا ہے
تمہیں کہو کہ یہ اندازِ گفتگو کیا ہے

۲- نہ شعلے میں یہ کرشمہ نہ برق میں یہ ادا
کوئی بتاؤ کہ وہ شوخِ تند خو کیا ہے

۳- یہ رشک ہے کہ وہ ہوتا ہے ہم سخن تم سے
وگرنہ خوفِ بد آموزئ عدو کیا ہے

۴- چپک رہا ہے بدن پر لہو سے پیراہن
ہمارے جیب کو اب حاجتِ رفو کیا ہے

1. hara ēka bāta pa kahatē hō tuma, ki tū kyā hai
tumhīṃ kahō ki yaha andāza-ē-guphtugū kyā hai

2. na śō'lē mēṃ yaha akariśmā na barqa mēṃ yaha adā
kōī batāō, ki vaha śōkha-ē-tunda khū kyā hai

3. yaha raśka hai ki va hōtā hai hamasukhana tumasē
vagaranā khaufa-ē-bada āmōzi-ē-"adū kyā hai

4. cipaka rahā hai badana para, lahū sē pairāhana
hamārī jaiba kō aba hājata-ē-rafū kyā hai

1. For any thing I say, you answer with provocation
What I pray, you say, is this style of conversation

2. Flame has no such flash, lightning has no such dazzle
Let someone then enlighten us about this abomination

3. I am averse, that the rival with you should so converse
I am, otherwise, none the worse for his flirtation

4. The garment is stuck with body, all drenched in blood
It is not now in need of any mend or alteration

१. हर एक बात प कहते हो तुम, कि तू क्या है
तुम्हीं कहो कि यह अन्दाज़-ए-गुफ़्तुगू क्या है

२. न शो'ले में यह करिश्मा, न बर्क़ में यह अदा
कोई बताओ, कि वह शोख़-ए-तुन्द ख़ू क्या है

३. यह रश्क है कि वह होता है हमसुख़न तुमसे
वगरना ख़ौफ़-ए-बद आमोज़ि-ए-'अदू क्या है

४. चिपक रहा है बदन पर, लहू से पैराहन
हमारी जैब को अब हाजत-ए-रफ़ू क्या है

۵- جلا ہے جسم جہاں دل بھی جل گیا ہو گا
کریدتے ہو جو اب راکھ جستجو کیا ہے

۶- رگوں میں دوڑتے پھرنے کے ہم نہیں قائل
جب آنکھ ہی سے نہ ٹپکا تو پھر لہو کیا ہے

۷- وہ چیز جس کے لئے ہم کو ہو بہشت عزیز
سوائے بادۂ گلفام و مشکبو کیا ہے

۸- پیوں شراب اگر خم بھی دیکھ لوں دو چار
یہ شیشہ وقدح و کوزہ و سبو کیا ہے

۹- ہوا ہے شاہ کا مصاحب پھرے ہے اتراتا
وگرنہ شہر میں غالب کی آبرو کیا ہے

5. jalā hai jisma jahāṃ, dila bhī jala gayā hōgā
kurēdatē hō jō aba rākha, justujū kyā hai

6. ragōṃ mēṃ daûḍatē phiranē kē, hama nahīṃ qāila
jaba āṃkha hī sē na ṭapakā, tō phira lahū kyā hai

7. vaha cīza jisakē liyē hamakō hō, bahiśta azīja
sivāyē bādā-ē-gulafāma-ē-muśka bū kyā hai

8. piyūṃ śarāba, agara k͟huma bhī dēkha lūṃ dō cāra
yaha śīśā-ō-qadaha-ō-kūzā-ō-subū kyā hai

9. huā hai śaha kā musāhiba, phirē hai itarātā
vagaranā śahara mēṃ g͟hāliba kī ābarū kyā hai

5. When flesh is all burnt, heart must have burnt as well
Your search for it in ashes is an exercise in frustration

6. **Flow in vein we regard in vain, unless from the eyes**
Blood as a flood will drain, to cause an inundation

7. The only reason we eulogise and hold in esteem the paradise
That, in essence, wine and frankincence will be incarnation

8. I should drink straight from casks, in their serried ranks
Not for me glass or flasks, or cupful dispensation

9. Ghalib is close to crown, is strutting about in town
Otherwise, he is a bit of a clown in people's estimation

५. जला है जिस्म जहाँ, दिल भी जल गया होगा
कुरेदते हो जो अब राख, जुस्तुजू क्या है

६. रगों में दौड़ते फिरने के, हम नहीं क़ाइल
जब आँख ही से न टपका, तो फिर लहू क्या है

७. वह चीज़ जिसके लिये हमको हो, बहिश्त अज़ीज़
सिवाये बादा-ए-गुलफ़ाम-ए-मुश्क बू क्या है

८. पियूँ शराब, अगर खुम भी देख लूँ दो चार
यह शीशा-ओ-क़दह-ओ-कूज़ा-ओ--सुबू क्या है

९. हुआ है शह का मुसाहिब, फिरे है इतराता
वगरना शह्र में ग़ालिब की आबरू क्या है

ان مختلف علمی دل چسپیوں اور گوناگوں ذوق کی دامن گیری کے باوجود منتخب کلامِ غالب کے ترجمے پر ہمہ تن توجہ قابلِ رشک ہے۔ ان کا ترجمہ نغمہ و آہنگ کے اہتمام واختصاص کی وجہ سے حد درجہ مترنم اور منفرد ہے۔ فکرِ غالب کے ماخذ اور تصورات کی گرفت اور بھر پور تفہیم میں انہیں خاص فیضان حاصل ہے۔ یہ مترجم کے ذہنِ رسا اور علمی بلوغت کی دلیل ہے کہ وہ شرر سے شعلے تک کمندیں ڈالتا ہے۔ اور معنیاتی اسرار کو متیز کرکے تفہیم کی سہولتیں فراہم کرتا ہے۔ غالب کے ترجمے میں خود اپنے وجود کے خطرات سے دوچار کرنا ہوتا ہے۔ اس آزمائش میں سلامتی کے ساتھ سبک دوش ہونا ایک فیض سمادی سے کم نہیں ہے۔ خواجہ طارق محمود بہت سے تقاضوں اور مطالبوں کو سر کرتے ہوئے جس طرح کامراں گزرے ہیں وہ اہلِ مغرب کے مطالعے کے لئے غالب کے تعارف و ترسیل کا بہت ہی موثر مصدر قرار پائے گا۔

پروفیسر عبدالحق
شعبہء اردو، دہلی یونیورسٹی دہلی

ہو سکی۔ ہندوستان کی مختلف علاقائی زبانوں کے علاوہ عالمی سطح پر انگریزی کے متعدد تراجم کی موجودگی ہمارے استصواب کے لئے کافی ہے اردو کی پچیسوں شرحوں کے علاوہ انگریزی میں تراجم کی تعداد درجن سے تجاوز کرتی ہے جن میں مکمل اور انتخابی دونوں کی صورتیں ملتی ہیں۔ مولانا محمد علی جوہر، اے۔ کیو۔ نیازی، پروفیسر محمد مجیب، ڈاکٹر یوسف حسین خاں، ڈیوڈ کمال، پروفیسر اعجاز احمد، صوفیہ سعد اللہ، پربا جوہری، ڈاکٹر یعقوب مرزا اور پون ورما وغیرہ جیسے دانشوروں نے اردو کلام کے انگریزی ترجمے میں معانی کی باز آفرینی کی بھرپور سعی کی ہے۔ اس صنف میں ایک اہم اور قابلِ ذکر اضافہ خواجہ طارق محمود کا ہے۔ ان کی دیدہ وری اور جولاں نگہی کی داد دیجئے کہ شعر و ادب کی وادیوں سے دور کی نسبت رکھنے کے باوجود ان کا انگریزی ترجمہ استعجاب انگیز ہے۔ وہ انجینئر ہیں اور محکمہ دفاع میں بریگیڈیر رہے ہیں ایل ایل بی کے ساتھ کیلیفورنیا یونیورسٹی سے بین الاقوامی تعلقات پر ایم۔ اے۔ بھی کیا ہے۔

روز بروز افزونی اور توسیع طلبی ہمارے علمی مشاہدات میں ہے۔ دنیا کی دوسری قابلِ ذکر زبانوں میں ان کے کلام کے تراجم نئے امکانات کو روشن کررہے ہیں۔ خاص طور پر انگریزی تراجم نے غالب کو اردو کے استحضار سے آزاد کرکے آفاقی سرحدوں سے روشناس کیا ہے۔ جس سے وہ بالاتفاق انسانیت کی مشترک میراث کے مالک بن گئے ہیں۔

غالب نے اپنی فکری و فنی جلال و جبروت کے ادراک کے پیش نظر ہی یہ دو پیش گوئی کی تھی کہ ان کی وفات کے بعد انہیں خاص و عام خراج عقیدت پیش کریں گے اور ان کے فن کی منزلت تسلیم کریں گے۔ یہ پیش گوئی تو پوری ہوگئی۔ ہاں دوسری ابھی باقی ہے کہ اگر شعرو سخن کو عہد نو کا آئین قرار دیا جائے تو ان کا دیوان اس دین تخلیق کا معروف و متبادر دستور العمل ہوگا۔ ان کا کلام حرف شعرو فن کا مجموعہ ہی نہیں ہے بلکہ بنی نوع انسان کی فکرو تخلیق کا ایک شفاف آئینہ خانہ ہے۔ علامہ اقبال کے بعد غالب کے علاوہ برصغیر کے کسی فن کار کو یہ شہرت اور مقبولیت حاصل نہ

علامہ اقبال کی طرف سے

مرزا غالب

کے لئے

نذر عقیدت

لطف گویائی میں تیری ہمسری ممکن
ہو تخیل کا نہ جب تک فکر کامل ہم ن
ہائے ! اب کیا ہوگئی ہندوستاں کی سرز
آہ ! اے نظارہ آموز نگاہ نکتہ چیں
گیسوئے اردو ابھی منت پذیر شانہ
شمع یہ سودائی دل سوزی پروانہ

☆

اے جہان آباد ! اے گہوارہ علم
ہیں سراپا نالہ خاموش تیرے بام و
ذرے ذرے میں ترے خوابیدہ ہیں شمس
یوں تو پوشیدہ ہیں تیری خاک میں لاکھوں
دفن تجھ میں کوئی فخر روزگار ایسا بھی ہے
تجھ میں پنہاں کوئی موتی آبدار ایسا بھی ہے

مقدمہ

غالب عصرِ حاضر میں دنیائے تخلیق کا ایک بہت اہم اور مقتدر نام ہے۔ ان کی شاعری میں بنی نوع بشر کے لئے ایک ابدی پیغام کی امین ہے۔ ان کا کلام ہر طبقے اور ہر سطح کے انسانوں کی زبان پر بڑی کثرت سے محفوظ ہے۔ یہ نغمہ سنجی میں بے نظیر ہے اور اثرِ آفرینی میں ایک دل کشا ندائے جمال ہے۔ ان کی شاعری ہند اسلامی ثقافت کے آثار و علائم کے لطیف ارتباط و امتزاج کا دل نشین مرکب ہے۔ یہ دلآویزی اور عرفانِ نظر کی بے پناہ قوتوں سے بھی مالامال ہے۔ فن کی عظمت و ارتفاعیت کی بے پایاں صلاحیت اور تخلیقی تخیل آفرینی کی بے کراں بلندی میں غالب کا کوئی حریف نہیں ہے۔ خاص طور پر زوال پذیر تمدن میں ان کی تخلیقات اور خود ان کا وجود ایک معجز نمائی سے کم نہیں ہے۔ مفکر شاعر اقبال کا اپنی ڈائری "بکھرے خیالات" میں یہ نکتہ قلم بند کرنا صدق و صفا کی فکر انگیز بشارت ہے کہ غالب کی عظمتوں کا اعتراف کیا جانا ابھی باقی ہے اس اعتراف و عرفان کا آغاز ہو چکا ہے اور اس میں

روز بروز افزونی اور توسیع طلبی ہمارے علمی مشاہدات میں ہے۔ دنیا کی دوسری قابلِ ذکر زبانوں میں ان کے کلام کے تراجم نئے امکانات کو روشن کررہے ہیں۔ خاص طور پر انگریزی تراجم نے غالب کو اردو کے استحضار سے آزاد کر کے آفاقی سرحدوں سے روشناس کیا ہے۔ جس سے وہ بالاتفاق انسانیت کی مشترک میراث کے مالک بن گئے ہیں۔

غالب نے اپنی فکری و فنی جلال و جبروت کے ادراک کے پیش نظر ہی یہ دو پیش گوئی کی تھی کہ ان کی وفات کے بعد انہیں خاص و عام خراج عقیدت پیش کریں گے اور ان کے فن کی منزلت تسلیم کریں گے۔ یہ پیش گوئی تو پوری ہو گئی۔ ہاں دوسری ابھی باقی ہے کہ اگر شعر و سخن کو عہد نو کا آئین قرار دیا جائے تو ان کا دیوان اس دین تخلیق کا معروف و متبادر دستور العمل ہو گا۔ ان کا کلام حرف شعر و فن کا مجموعہ ہی نہیں ہے بلکہ بنی نوع انسان کی فکر و تخلیق کا ایک شفاف آئینہ خانہ ہے۔ علامہ اقبال کے بعد غالب کے علاوہ برصغیر کے کسی فن کار کو یہ شہرت اور مقبولیت حاصل نہ

مقدمہ

غالب عصرِ حاضر میں دنیائے تخلیق کا ایک بہت اہم اور مقتدر نام ہے۔ ان کی شاعری میں بنی نوع بشر کے لئے ایک ابدی پیغام کی امین ہے۔ ان کا کلام ہر طبقے اور ہر سطح کے انسانوں کی زبان پر بڑی کثرت سے محفوظ ہے۔ یہ نغمہ سنجی میں بے نظیر ہے اور اثرِ آفرینی میں ایک دل کشا ندائے جمال ہے۔ ان کی شاعری ہند اسلامی ثقافت کے آثار و علائم کے لطیف ارتباط و امتزاج کا دل نشین مرکب ہے۔ یہ دلآویزی اور عرفانِ نظر کی بے پناہ قوتوں سے بھی مالامال ہے۔ فن کی عظمت و ارتفاعیت کی بے پایاں صلاحیت اور تخلیقی تخیل آفرینی کی بے کراں بلندی میں غالب کا کوئی حریف نہیں ہے۔ خاص طور پر زوال پذیر تمدن میں ان کی تخلیقات اور خود ان کا وجود ایک معجز نمائی سے کم نہیں ہے۔ مفکر شاعر اقبال کا اپنی ڈائری "بکھرے خیالات" میں یہ نکتہ قلم بند کرنا صدق و صفا کی فکر انگیز بشارت ہے کہ غالب کی عظمتوں کا اعتراف کیا جانا ابھی باقی ہے اس اعتراف و عرفان کا آغاز ہوچکا ہے اور اس میں

علامہ اقبال کی طرف سے

مرزا غالب

کے لئے

نذر عقیدت

لطف گویائی میں تیری ہمسری ممکن نہیں
ہو تخیل کا نہ جب تک فکرِ کامل ہم نشیں
ہائے ! اب کیا ہوگئی ہندوستاں کی سرزمیں !
آہ ! اے نظارہ آموزِ نگاہ نکتہ چیں !
گیسوئے اردو ابھی منت پذیرِ شانہ ہے
شمع یہ سودائی دل سوزی پروانہ ہے

☆

اے جہان آباد ، اے گہوارہ ء علم وہنر
ہیں سراپا نالہ ء خاموش تیرے بام و در
ذرے ذرے میں ترے خوابیدہ ہیں شمس و قمر
یوں تو پوشیدہ ہیں تیری خاک میں لاکھوں گہر
دفن تجھ میں کوئی فخرِ روزگار ایسا بھی ہے ؟
تجھ میں پنہاں کوئی موتی آبدار ایسا بھی ہے ؟

IN THE SAME SERIES:

- ★ Selections from DIWAN-E-GHALIB
- ★ Selected poems of SAHIR LUDHIANVI
- ★ Selected poems of ALLAMA IQBAL
- ★ Selected poems of FAIZ AHMAD 'FAIZ'

Forthcoming:

- ★ Selected poetry of QATEEL SHAFAI
- ★ Selected poetry of BAHADUR SHAH 'ZAFAR'

STAR PUBLICATIONS PVT. LTD.

New Delhi.110002

انگریزی۔ اردو

ہندی۔ رومن

انتخاب

دیوان غالب

(مرزا اسد اللہ خاں غالب کے منتخب کلام کا مجموعہ)

(منظوم انگریزی ترجمہ کے ساتھ)

منظوم ترجمہ و ترتیب

خواجہ طارق محمود